语言学

理论探索与哲学思考

李昕 ◎ 著

中国出版集团

中译出版社

图书在版编目（CIP）数据

语言学理论探索与哲学思考 / 李昕著. -- 北京：
中译出版社，2024. 6. -- ISBN 978-7-5001-7988-7

Ⅰ. H0

中国国家版本馆 CIP 数据核字第 2024VY4383 号

**语言学理论探索与哲学思考**

YUYANXUE LILUN TANSUO YU ZHEXUE SIKAO

著　　者：李　昕
策划编辑：于　宇
责任编辑：于　宇
文字编辑：田玉肖
营销编辑：马　萱　钟筱童
出版发行：中译出版社
地　　址：北京市西城区新街口外大街 28 号 102 号楼 4 层
电　　话：（010）68002494（编辑部）
邮　　编：100088
电子邮箱：book@ctph. com. cn
网　　址：http://www. ctph. com. cn

印　　刷：北京四海锦诚印刷技术有限公司
经　　销：新华书店
规　　格：710 mm×1000 mm　1/16
印　　张：11. 5
字　　数：186 千字
版　　次：2025 年 3 月第 1 版
印　　次：2025 年 3 月第 1 次印刷

ISBN　978-7-5001-7988-7　　　定价：　68. 00 元

# 前　言

　　语言是人类最基础、最重要的交流工具之一，它承载了人类思想、文化和社会的传承与发展。语言学作为研究语言的科学，旨在理解语言的结构、功能和演化规律，从而深入探索人类思维和社会行为的奥秘。与此同时，语言学理论探索也渗透着哲学的思考，涉及语言与现实之间的关系、语言的本质和意义等深刻问题。

　　从古至今，语言一直是人类文明发展的核心。古代人类通过口头传承的方式传播知识、故事和智慧，从而构建了各种文化和社会体系。随着时间的推移，语言不断演化，从简单的口头语言逐渐发展成为复杂的书面语言，涌现出不同的方言、语系和文字系统。在如今这样一个多元而复杂的语言学与哲学交汇的时代背景下，我们不仅需要对传统语言学理论进行深入思考和探索，更需要面对新的挑战和机遇，开拓新的研究领域和方法。

　　语言的研究涉及人类思维、社会行为、文化传承等多个层面，而语言学理论的探索则是对这些层面的理性探究与思辨。通过对语言学与哲学的交叉研究，人们可以深入探讨语言的本质及其在人类生活中的作用，从而更好地理解人类智慧的辉煌。基于此，本书从实践的角度出发，从语言学理论的宏观与微观视角、认知语言学、应用语言学着手，探索语言学的哲学思想源流、现代语言学与外语教学的哲学思考。通过对语言哲学的深入思考，本书旨在更好地理解语言力量，以期达到对人类智慧的更为全面和深刻的理解。

　　本书以独特的视角探讨语言学理论与哲学思考的交汇点，旨在超越学科边界，深刻理解语言的力量与人类智慧。本书不仅适用于语言学、哲学等相关专业的学者和研究者，还能为教育工作者、翻译人员等语言应用领域提供深入的思考和启发，其独特的内容和深刻的思考将给学术界和实践界带来新的启示，具有较好的参考价值。

由于作者水平有限，书中难免会出现不足之处，希望各位读者和专家能够提出宝贵意见，以待进一步改进，使之更加完善。

作者

2024 年 3 月

# 目　录

# 第一章 语言学的基本理论审视

## 第一节 语言及其功能

### 一、语言的起源与发展

语言是人类文明的重要组成部分，是人类交流和思维的主要工具。无论是口头语言还是书面文字，语言都承载了丰富的信息，反映了人类的文化、思想和情感。

#### （一）语言的起源

从古希腊时期到 20 世纪 30 年代以前，出现了多种关于语言起源的学说，具体包括以下五方面。

第一，手势说。人类语言最初起源于手势。"手势说"认为，最初的语言是没有声音的，而是用手势和身体来传递信息，有声语言是在手势和身姿的基础上发展起来的。

第二，感叹说。原始人类因外界和内心的感受而发出呼唤，把表达种种感情的词看作是最早产生的词语，而人类的原始语言就是由这种感叹声演变而来的。

第三，摹声说。"语言起源于远古时代人们对外界动物等各种声音的模仿，这种观点可以解释拟声词的产生"。① 例如，英语中的 cuckoo（布谷鸟）类似布谷鸟的声音，汉语中的猫、鸭、鸡等词跟这些动物的叫声有关。

第四，社会契约说。起初原始人并没有语言，后来大家彼此进行约定，对一些事物的名称进行了规定，语言也就随之产生了。

第五，劳动叫喊说。语言起源于伴随劳动而发出的叫喊，这种叫喊声演变为

---

① 楚军. 语言学通论［M］. 成都：电子科技大学出版社，2021：1.

劳动号子，进而发展为原始语言。

人类语言的诞生必须具备两个前提条件：一是由于交际的需求，二是人类发音器官的发展。事实上，语言的形成紧密地与劳动活动相连，因为劳动活动激发了创造语言的必要性。同时，古代人类在生存环境的改变中逐渐掌握了直立行走的技能，导致肺部、声带等发音器官的改良与发展。这些改进使得他们能够发出和调控各种需要的语音，这也表明了劳动活动对原始人类发音器官的改善，以及给思维能力的发展提供了基础。因此，语言的起源实际上与人类的起源密切相关。人类思维能力的发展为语言能力的提升提供了条件，而语言能力的进一步发展又为思维能力的进一步演化创造了条件。因此，语言既是人类进化的产物，也是社会发展的产物。

## （二）语言的发展

### 1. 语言发展的形式

语言随着社会的前进而不断发展。语言产生以后，在不断发展过程中，各种各样的发展变化形式层出不穷，产生了语言的分化现象及接触与融合现象。

（1）语言分化。语言分化指一种语言分化为不同的变体，或者分化为不同的语言。语言分化是语言发展的一个重要表现，主要包含以下三种语言变体。

第一，社会方言。社会方言是语言分化所导致的社会变体。由于生产条件、生活方式、文化水平、性别、年龄、职业等方面的差异，同一个社会中的人们也会形成各种不同的小社团。为了满足这些小社团的交际需求，它们可能会自然地或者人为地产生一些与共同语言不同的特殊语言成分，从而形成了社会方言。

行业语是最引人注意的一种社会语言。各行各业因交际的需要会使用共同语中少用或不用的词语。例如，中国语言学界使用"深层结构""表层结构""切分"等词语，电影行业使用"蒙太奇""推""拉""摇""剪接"等词语。一些特殊的行业还会使用一种对外相对保密的隐语，如旧时商贩中流行的"平头"（一）、"空工"（二）、"横川"（三）等。同样，英语语言中也有大量的行业语，英语语言中常见的法律专用术语如下：

agency 代理权

alias summons 以别名传召

appeal 上诉

bail 保释，保释金

letters patent 专利证书

negotiable instrument 可转让票据

tenant/lessee 租客；房客

defendant 被告

plaintiff 原告

guarantee 担保，保证书

surrender 交出

tort 侵权行为

英语语言中常见的商务信函专用术语如下：

premium 保险费

underwrite 保险人

establishment 开证

appointed item 指定商品

trimming charges 平仓费

insurance policy 保险单

coverage 保险项目

counter-offer 还盘

counter-suggestion 反还盘

surcharges 附加费

pro forma invoice 形式发票

irrevocable letter of credit 不可撤销信用证

CIF 到岸价格

FOB 离岸价格

C.B.D. 付现提货

status quo 现状（拉丁语）

第二，地域方言。地域方言是语言分化所形成的地域变体，是最为常见的语言分化现象之一。通常情况下，人口众多、历史悠久、地域分布广泛的语言都存在方言差异。例如，英国本土就有大约 15 种地域方言。而汉语作为被众多人口使用、历史悠久、地域分布广泛的语言，是世界上方言分歧最大的语种之一，其方言差异非常明显。地域方言的形成主要有以下原因。

一是交际的阻隔影响着地域方言的形成。由于社会割据、人口迁徙、高山森林的阻隔，语言的发展呈现出不平衡性，交际阻隔会使各地区的人所使用的语言出现差异，这种语言差异发展到一定程度就形成了方言。

二是异族语言的影响也是产生地域语言的一个重要原因。以我国方言为例，从南到北的调类数目逐渐减少，这是我国方言的一个显著特点。南方方言的调类大多在六个以上，甚至有些方言可达十个以上，而北方方言的调类大多在五个以下。例如，乌鲁木齐、天水、银川等地的方言，调类仅有三个。北方方言常常与阿尔泰语系的语言接触，而阿尔泰语系的语言是无声调语言，因此，北方方言受到阿尔泰语系语言的影响，调类减少。相比之下，南方方言常常与南亚语系的诸语言接触，许多南方方言中也含有南亚语系的因素。而南亚语系的语言是有声调的语言，因此，受其影响的汉语南方方言的调类数目相对较多。

虽然不同的方言有着很大的差异，但方言毕竟是同一语言分化而成的地域变体，所以在很多方面还是有着较多的一致性的，如在语音上存在着一定的对应关系，词汇具有较多的同源性，语法具有一致性等。

第三，亲属语言。亲属语言是地域方言进一步分化形成的。由同一种语言分化出来的不同语言称为"亲属语言"。亲属语言间的关系有亲有疏，根据语言间亲属关系的亲密度，可以建立亲属语言的谱系。有亲属关系的语言可归为一个语系，语系又可分为若干个语族，语族又可分为若干个语支，语支又可分为若干个语种。同一语支语言的关系要比同一语族的近，同一语族语言的关系要比同一语系的近。而不同语系的语言间没有亲属关系。

（2）语言的接触与融合。语言接触通常发生在不同语言群体之间，由于地理邻近、社会交往、文化交融或政治统治等原因，导致语言间的互动和影响，这种接触可以是和平的文化交流，也可能是征服和殖民的结果。语言融合则是指在长期接触的过程中，不同语言之间相互借鉴、吸收，最终形成具有新特性的语言变体或全新的语言。在全球化的背景下，语言接触与融合的现象愈发普遍。例如，随着国际贸易和旅游的发展，英语作为国际通用语言与其他语言频繁接触，导致英语词汇和语法结构被其他语言借用，同时也吸收了其他语言的词汇。这种双向的语言交流促进了语言的发展和变化，丰富了语言的表达能力。在一些多民族国家，如中国，不同民族语言的接触与融合尤为显著。汉语与藏缅语系、侗台语系、苗瑶语系等语言的长期交流，形成了具有地域特色的混合型方言，这些方言在语音、词汇和语法上都显示出了混合的特性。

语言接触与融合的过程并非总是和谐的。有时，语言的融合可能伴随着文化的矛盾。在一些情况下，语言融合可能导致某些语言的消亡，尤其是当一种语言在社会中占据主导地位时，其他语言可能会逐渐被边缘化。然而，从积极的角度看，语言的融合也是文化多样性和语言资源的丰富，它不仅促进了不同语言群体之间的沟通与理解，还有助于构建包容和谐的社会环境。

语言接触与融合的研究对于理解语言的演化、保护语言多样性以及促进语言政策的制定具有重要意义。语言学家通过研究语言接触的类型、机制和结果，可以更好地理解语言变化的规律，预测语言发展趋势，并为语言教学、翻译实践和文化遗产保护提供科学依据。随着社会科学技术的发展，生态语言学、语言活力计量、语言接触、交融和融合计量等新兴领域为语言接触与融合的研究提供了新的视角和方法。

**2. 语言发展的特性**

语言的发展变化呈现出很多特性，具体包括以下四方面。

（1）语言发展变化的渐变性。语言的发展变化是一个逐渐、缓慢的过程，并不像生物基因那样会发生突变，这主要是由语言交际工具的属性所决定的。就语言系统而言，语音、词汇中的基本词汇及语法都是缓慢发展的，人们可能感觉不到其变化过程，经过一定的积累之后才可以看到。语言的发展变化是通过语言新质要素的不断积累而实现的。

（2）语言发展变化的相关性。语言发展变化的相关性体现了语言作为一个系统的特性，该系统又包含若干子系统。在语言这一系统中，各语言单位及各语言规则之间存在着密切的关联，每一个语言单位及每一种语言规则的发展变化都会引发相关的语言单位或语言规则发生或大或小或直接或间接的变化。以汉语为例，在 12 世纪之前，汉语中是没有轻声的。在 12 世纪前后，汉语中才出现了轻声这一语音现象。轻声是一种轻短、模糊的音调，是声调的一种轻化形式。如果某些音节读轻声，该音节的元音就会发生相应的变化，如脱落、央化等。

（3）语言发展变化的不平衡性。语言的发展变化是不平衡的，具体体现在以下三方面。

第一，语言系统发展变化是不平衡的。语言各个要素的发展变化是不一样的，词汇系统的变化最快，语音系统的变化相对缓慢，语法系统的变化则要慢很多。不仅如此，语言各个子系统内部的变化也是不一样的。例如，在词汇系统中，一般词汇发展较快，而基本词汇则比较稳定，因而人们将语法与基本词汇视为决定一个语言基本面貌的最为稳定的部分。

第二，不同时期语言发展变化是不平衡的。在不同的时期，语言的发展变化也呈现出不平衡的特点。相对而言，如果某一时期社会变革较为剧烈，社会发展步伐较快，社会思维较为活跃，以及不同文化之间的接触比较频繁，那么语言的发展变化也会相对较快；反之，如果社会变革缓慢，社会发展步伐较为缓慢，社会思维相对较为保守，以及不同文化之间的接触较为有限，那么语言的发展变化就会相对较慢。

第三，语言发展在地域上是不平衡的。从地域上而言，各种方言的发展变化也不是完全同步的。以汉语为例，概括而言，中国南方保留的古代的语言面貌较多，而北方的方言，尤其是北方官话区的方言变化相对较快。

（4）语言发展变化的规律性。语言的发展变化并非杂乱无章，而是遵循一定的规律。不同语言的发展可能遵循不同的规律；同时，同一语言由于时期与地区的不同，其变化规律也可能不尽相同。然而，有一点是共同的，那就是语言的发展变化具有一定的规律性。例如，古代汉语的浊辅音在现代汉语北方话中演变为清辅音：/b/演变为/p/，与此相应，/d/演变为/t/，/g/演变为/k/。

### 3. 语言发展中的接触与融合

除了语言的分化之外，各个国家不同的语言在发展中不断接触与融合，主要包含以下两方面。

（1）语言的接触。语言接触是指不同语言之间的接触现象，特别是当这种接触影响了其中至少一种语言时，民族间的接触就必然会带来语言上的接触，而这种语言上的接触可以表现在不同层面。

第一，词语互借。汉语中的很多词汇都是从其他语言中借用来的，如石榴、狮子、因果、哈达、塔、马达、沙发、电话、戈壁、葡萄等。同时，汉语中也有一些词汇被吸收到其他语言中，如丝、茶、瓷器、台风等词语已为其他语言所使用。

第二，语音与语法的借代。随着各民族语言进一步接触，语音和语法也出现了借代现象。例如，西双版纳傣语原本并没有/au/这个发音，随着傣族与汉族的频繁接触，/au/已成为西双版纳傣语的一部分。再如，白语的语序原本是"主语+宾语+动词"，从汉语中借用了"主语+动词+宾语"的语序后，原来的语序反而消失了。

第三，不同语言的共同特点。在同一地域内，不同语言经过长期的相互接触，会互相借鉴一些语言要素，因此，这些语言逐渐形成了一些共同的语言特点。例如，欧洲巴尔干半岛上存在着罗马尼亚语、保加利亚语、阿尔巴尼亚语、匈牙利语、塞尔维亚-克罗地亚语、马其顿语等多种语言，它们虽属于不同的语系，但在语法方面却呈现出明显的相似性，形成了著名的巴尔干语言联盟。又如，印第安语言联盟、南部非洲语言联盟、印度语言联盟等都是长时间语言接触的结果。

第四，双语或多语现象。随着不同语言的相互接触，有时一个语言社团中会通行两种或多种语言，或某语言社团的一些成员可以同时讲两种或多种语言，这就是双语或多语现象。在加拿大，英语和法语都是官方语言。在比利时，法语和弗拉芒语都是官方语言。我国的很多民族既能讲他们的民族语，又能讲汉语。巴拉圭的很多人可以同时听懂和使用西班牙语和瓜拉尼语。

（2）语言的融合。语言的融合分为以下两方面。

第一，语言同化。所谓语言同化，就是一种语言排挤或代替其他语言，从而使被代替的语言消亡的现象。在同化中幸存的语言称为"同化语言"，在同化中被代替、消失的语言称为"被同化语言"。语言同化是语言发展的重要现象。

第二，语言的混合。语言的混合是一种独特的语言融合现象，它并非一种语言同化另一种语言，而是由两种语言相互"拼凑"而成的一种混合语。这种语言混合现象在"洋泾浜"语和"克里奥尔语"中得到突出体现。洋泾浜原本是旧时期上海的一条河滨，位于今天的延安东路。在过去的上海，这里是外国人聚集的地方。当地从事贸易或与国际贸易有关的人需要用英语与西方人交流。然而，由于他们的语言知识有限或其他原因，他们通常会按照汉语的语法规则来组织英语词汇进行交流。渐渐地，在此地形成了一种混合语言，即所谓的"洋泾浜英语""洋泾浜"或"皮钦语"，这种混合语言的特点是基本词汇来源于英语，但语法则采用了汉语的语法规则，并且语音上也发生了一定的变化。

**4. 语言发展的主要影响因素**

语言是一种牵涉人类生活方方面面的复杂的社会现象，语言学家曾从多方面寻找影响语言发展的因素。总体而言，影响语言发展的因素主要包括以下三方面。

（1）社会因素。语言是人类最重要的交际工具。而语言要想真正地发挥其交际作用，就必须敏锐地反映人类对于自然界的各种认识和各种社会经验，紧跟时代发展的步伐。语言的交际工具属性决定了社会的各种发展变化必然会促进语言的发展变化，其中，最有影响力的因素是科技。

人类对自然世界的探索永不止步，每一次深入探索都会在语言上引发相应的变化。尤其是在过去的五十年中，随着科学技术的迅猛发展，人们创造了许多新词汇，以便表达新概念、新技术和新发明，具体如下：

proteomics 蛋白质组学

Bluetooth 蓝牙技术

copy 拷贝

engine 引擎

nano-material 纳米材料

cyberphobia 电脑恐惧症

joule 焦耳

gauss 高斯

（2）心理因素。语言不仅是人类最重要的交际工具，还是人类最重要的思维工具。语言在用于交际和思维的过程中，必然会受使用该语言的人的心理影响，这种心理影响就会引起语言的变化发展。

不同语言社团的人，对语言往往有不同的心理。例如，在因纽特（爱斯基摩）语中，有 15 个名词是用来表示不同形态或下落到不同地点的雪的，但却没有"雪"这个概括性的词语。因为雪在因纽特（爱斯基摩）人的生活中占有非常重要的地位，因此，他们创造出不同的词汇来描绘不同形式不同条件下的雪。但在英语文化中，雪就不那么重要了，一个简单的 snow 就可以满足表达的需要。当有必要更具体一点时，一个更长的短语就能满足需要，如"飞雪"（drifting snow）、"春天粒雪"（corn snow）、"细粉状雪"（fine powder snow）等。诸多心理因素中，对语言变化发展影响最大的就是思维。先民长期使用具象思维，使抽象思维发展迟缓，所以他们的语言有着较浓的具象色彩。

（3）自身因素。社会因素和心理因素都是语言发展的外部因素，它们起着激励和促进语言发展的作用。然而，语言的发展不仅取决于外部因素的要求和动力，语言的演变和发展还受制于其内在因素，如语言内部的矛盾和运动。这些内在因素包括语言本身的结构、语法规则、语音系统等，以及言语在特定语境中的运用方式。因此，要将外部因素的要求转化为具体的语言变化和发展，需要考虑语言内部的自身特点和运作机制。

言语是人们对语言的口头与书面运用，要受到交际对象、交际语境、交际信息和情感等因素的影响，这些因素具有开放性、多变性和具体性的特点，不可避免地会使言语与语言系统产生矛盾，进而引发各种"出格"现象。人们会根据具体的需求，创造出一系列语言中原本不存在的新词和表达，这就是"出格"的表现，这些"出格"现象中，有的可能转瞬即逝，而另一些将会遗留下来，成为语言系统的一部分，从而促使语言的变化发展。因此，"出格"现象是语言发展变化的源泉。

语言形式与意义之间的矛盾是语言变化和发展的一个重要因素。语言形式的有限性与语言意义的无限性之间的矛盾会对语言形式产生影响，直接导致语言形式的更新或衰退，这种矛盾运动可以将各种外部因素通过意义的吸纳转化为语言发展的内部因素，进而推动语言的不断变化和发展。

## 二、语言的特征与原则

### （一）语言的特征

#### 1. 任意性特征

语言的任意性指的是符号与其所指代的事物之间的联系是任意的，也就是说，每个词素的音义关系并非经过有意设计，而是任意形成的。语言的任意性具有多个层次。

（1）语素音义关系的任意性。例如，在英汉两种语言中，拟声词是比较常见的。拟声词是指词的发音和其所指代的声音基本是相类似的，如汉语中的"砰砰""叮咚""嘘嘘""嘎嘎""滴答""哗啦啦""咩咩"等，它们的形式以天然为基础。但是在英语中，描写同样的声音用的词语却相差很多，或者说是完全不同的。例如，汉语中的狗叫是"汪汪汪"，而英语中则使用 bow-wow。

对于拟声现象，很多研究是存在一些误会的，其实，拟声词和任意性是可以同时体现的。例如，济慈《夜莺颂》中有这样的一句描写：

The murmurous haunt of flies on summer eves.

夏日黄昏嗡嗡的蝇群。

在这个句子中，可能会感觉到 murmurous 与整个句子的意义有着必然的联系，这并不是来自这个词语本身，而是 murmurous 与 summer 和 eves 之间存在着意义上的关系。如果将 murmurous 换成 murderous 等词，其意义就会发生改变，也就很难建立起意义上的联系了。因此，只有明白了词语的意义，才能明白这个词的应用是否得当。

（2）句法层面上的任意性。在功能语言学派的观点中，语言在句法上并非完全任意的。句法是按照一定规则来构建句子的，而句子的成分是按照一定规则排列的，其顺序与事件的真实顺序存在一定的对应关系。换言之，句子的任意程度低于词语，尤其在下面的顺序关系方面体现得更为明显。

例 1：They stand up and go out angrily.

译文：他们愤怒地站起来并走出去。

例 2：They go out and stand up angrily.

译文：他们愤怒地走出去然后站起来。

例 3：They go out angrily after they stand up.

译文：他们站起来后愤怒地走出去。

因此，功能语言学派认为语言中最严格意义的任意性只存在于对立体中区别性语音单位中，如 fish 与 dish、pin 和 bin 等。

（3）任意性与规约性。语言形式与意义之间的关系通常是依照社会惯例形成的，这种关系被称为规约性。因此，理解相对任意性的反面，即规约性，是至关重要的。在学习英语的过程中，人们常常被告知某些用法是"惯用法"，这意味着这些说法是社会约定俗成的，尽管它们可能不合逻辑，但无法对其进行任何形式的修改。语言的任意性赋予了语言潜在的创造力，而规约性则使语言学习变得更为复杂。对英语学习者而言，理解语言的规约性尤为重要。事实上，这也解释了为什么在记忆惯用法的过程中，人们经常感到对语言的规约性感到困惑和困扰，而对语言的任意性却往往毫不在意。

## 2. 二重性特征

二重性是指拥有两层结构层次的语言特征，底层结构的各个元素构成了上层结构的单位，每层结构又分别有各自的构成规则。一般而言，语音是组成话语的元素，语音本身是不能传达意义的，语言只具有相互组合构成有意义的单位（如词）的功能。因此，人们将语音看作底层单位，与上层单位（如词等）相对，因为底层单位是无意义的，而上层单位有明确的意义。二重性只存在于既有元素又存在于由元素组合而成的单位的系统之中，其他任何一种动物的交流系统都没有也不可能具有二重性，这是因为许多动物用特定的声音进行交际，这些特定的声音都代表相应的含义。在动物语言中，上层单位具有明确的意义，但却无法将其分解为更小的元素。因此，人们认为动物的交际系统缺乏人类语言特有的区分性特征，即所谓的二重性。正因如此，从人类语言的角度来看，动物的语言交际能力受到了一定的局限。

对二重性而言，就必须注意语言的层次性。并没有任何一种语言的语流是没有间隙的。因此，要想表达分离的意义，就必须有分离的单位，所以，要对一门新的语言进行解码先要找到那些单位。最底层的单位是由无数个无意义的语言片段组成的音段，也就是音节。音节是构成词汇的最小的语言片段，音节间相结合构成数以千计的语义段，就是词的组成部分，称之为"语素"，如前缀 re-、后缀-able 等。有了大量的词，就可以联系更多的意义，进而组成无数的句子和语篇。

通过以上分析，对于二重性的显著优势就会有所了解，它能够使语言产生巨大的创造力，仅仅使用有限的元素便可创造出大量的语言单位。例如，一套包含有 48 个语音的英语语音系统，仅用这些语言便可创造出大量的词汇，在此基础上又可以创造出无限的句子，句子间的不同组合又构成了无穷的语篇。

3. 创造性特征

语言的创造性又称为"能产性"，源于语言的二重性。语言能够创造出无数新的意义，通过新的组合和方法传达这些新意义，并得到其他人的接受。如果把语言仅仅视为一种交际工具，那么人类和动物都可以使用它来交流。然而，需要指出的是，人类语言具有独特的创造性，而这种创造性是在任何动物身上都无法找到的，包括鸟类、蜜蜂、蜘蛛等。这些动物只能传递信息，而无法进行创造性的表达。而人类语言则能够通过不断组合创造出以前从未听说过的句子。

4. 移位性特征

移位性是指语言使用者在交际过程中能够利用语言表达不在交际现场（时间和空间上）的物体、事件或观点的能力。对动物而言，一旦发生关乎群体利益的刺激，大多数动物会立即做出相应的交际反应。例如，鸟类通过鸣声发出警告，表明有突发危险的情况，这些动物受到直接刺激的控制。然而，与动物的交际系统不同，人类语言并不受直接刺激的控制，人们所谈论的话题不需要外界或内部刺激的触发。例如，蜜蜂的交际具有一定的移位性：它们能够回到巢中报告关于时间和空间上距离遥远的食物来源。而人类语言能够让人们讨论不存在或尚未出现的事物。

总而言之，移位性赋予人们无限的概括和抽象能力。词语常常用来指代当前语境中不存在的实体事物。当人们能够讨论远离现实的事物时，就具备了理解诸如真理和美等非实体概念的能力。移位性给予人类的好处是使人们能够用抽象的概念来交谈和思考。

### 5. 文化传递性特征

语言的特征之一是其文化传递性。与动物的语言信号由遗传决定不同，人类的语言是通过教育和学习获取的，通常需要在特定的文化环境中进行习得。脱离了语言学习的环境，即使拥有健全的发音器官，也无法产生准确、恰当且优美的语言。

语言的发展和传播与文化密切相关。文化是人类社会的精神遗产，包括价值观、信仰、传统、风俗等。语言作为文化的载体，不仅反映了文化的本质，还传递着文化的精髓。因此，语言的习得过程不仅是学习语法和词汇，更是接受和融入特定文化的过程。

在特定文化环境中学习语言有助于理解和掌握语言的特点和用法。每种文化都有其独特的语言习惯、表达方式和语言规范。例如，在不同的文化中，相同的词汇可能具有不同的含义，甚至可能存在于一个文化中而在另一个文化中不存在。因此，语言的习得需要与文化的学习相结合，以更好地理解和运用语言。

文化对语言的影响体现在词汇、语法、语义和语用等方面。词汇是文化的重要组成部分，其中包含着丰富的文化内涵。例如，不同文化中的节日、传统、食物、服饰等都有相应的专有名称，这些词汇反映了该文化的特色和价值观。语法结构和句法规则也受到文化的影响。不同文化对语言的句子结构、语序、时态和语气等方面可能存在着不同的要求和偏好。此外，语义和语用也受到文化的塑造。同一词汇在不同文化中可能有不同的含义和使用方式，甚至有些词汇在某些文化中可能是禁忌的。

因此，语言的文化传递性特征意味着语言的学习和使用必须与文化的理解和融合相结合。只有深入了解和掌握所处文化的语言特点和文化背景，才能更好地运用语言进行交流和表达。

## （二）语言的原则

### 1. 相似性原则

相似性原则是指人类可以在语言的形式和它所代表的事物之间构想出一种相似性。相似性体现在以下三方面。

（1）序列原则。序列原则是指在语言结构中对时序性事件和线性元素或成分进行安排的原则。时序性即指事件的先后顺序或前因后果，通俗地讲就是所谓

"先来后到"；线性元素安排则是指在句子中各句子成分总是处于先后排列的线性序列之中。

（2）距离原则。距离原则用于解释这样的事实，即属于同一概念范畴的事物倾向于以语言学的方式归于一起，不属于同一概念范畴的事物则按一定的距离置于特定的位置。

（3）数量原则。数量原则用于解释人类把比较多的形式和比较多的意义相联系的同时，又反过来把比较少的形式和比较少的意义相联系这样一种认知倾向。

### 2. 指示性原则

指示性原则是指人们可以"指向"处于人们的注意范围以内的事物。在人类文明进化早期，人们认为自己处于宇宙的中心位置，周围的每一个事物都是从人们自己的视点去看的，这种所谓的自我中心主义的宇宙观同样体现在人们的语言使用过程中，在人们说话时，将自己的时空位置作为参照点来谈论其他实体的时空位置。人们所处的位置称之为"这里"，正在说话的那一时刻称之为"现在"。

语言中的"这里""那里""现在""当时""那时""今天""昨天""这个""那个"等词语及人称代词"我""你""我们"等统称为指示词。指示词源自希腊语 deiktikos，意思是"出示"或"显示"，与自我有关，而自我者，意即将自己的观点强加于周围世界。指示词的释义或解释取决于使用指示词的环境或情境。因此，若对具体的情境性语境不了解，则无法理解某个单词或句子的具体含义。

自我同样被用作指示中心，以定位事物与事物之间的空间方位和关系。因此，当说话者说"自行车在树后面"时，实际上是在内心中画出一条想象的线段，连接自己和树，从而将自行车定位在树的后方。当说话者移动到路的另一侧时，指示方位也随之改变，此时自行车被定位在树的前方。从中可以看出，对于非人造物品如树而言，其前方很难明确规定，因此，使用说话者作为参照点是最合适的。然而，对于一些人造物品如楼房、汽车等，由于其固有的性质，其前后方向较为明确，因此，在空间定位方面，自我作为参照点的作用就相对较小。

从认知的角度而言，人们赋予人造物品如汽车和房子等的所谓内在方位，其实是对人体的延伸：汽车的前部实际上与驾驶员的前部是保持一致的，后部也同此理，包括左、右手方位也是这样的道理。就像人们谈论起自己的身体时有前后、上下、左右等，因此，想象并规定衬衫、椅子、汽车、房子和其他与人体关系密切的人造物品自然也具有前后、上下、左右等方位特性。人类将自己的自我中心倾向扩散到整个人类宇宙观上。对同类的心理相似性倾向导致了人类中心观，这种人类中心观实际上来自这样的事实，即人类对自己的特性和特征是最感兴趣的，如人的行为、思维、精神体验、物质财富、运动形态等都是人自身最感兴趣的对象。在描述事物或事件时，人总是使自己居于绝对优先的居高临下的位置。如果一个人参与了某一件事，那么在描述或陈述这件事时，总是人先被提到，人处于句子的主语位置；换言之，当一个人与某一件事有关时，这个人总是倾向于被放在句子主语的位置上被表示出来。

## 3. 象征性原则

象征性原则是指形式与意义的约定性配对现象，这一原则典型地体现在语言的词族和词库中。"房子"这一概念，在英语中是 house，在德语中是 haus，荷兰语中是 huis，在意大利语和西班牙语中是 casa，而在法语中是 maison，芬兰语中是 talo，俄语中是 dom，汉语中是"房子"，等，不一而足。当然，这些单词的形式并不存在什么因素让它们非常适合表达"房子"这一概念，它们也可能表达另一种语言中截然不同的概念，如荷兰语中的 kaas，它的读音很像意大利语中的 casa（房子），而意思却是"乳酪"，而德语词 Dom 的意思不是"房子"，而是"基督教的主教堂"。

在现代语言学中，将象征符号的形式与其所代表的意义之间的联系称为"任意性"。起初，符号所代表的特定意义随着时间的推移常常会发生变化，使得符号的意义变得相对任意。例如，电话号码的选择不再通过圆形拨号盘进行，而是通过固定在电话机上的带有多个功能键的号码键盘进行，人们使用这些键盘来"敲击/按压"号码。电话的听筒也不再被挂起，而是被放下。然而，尽管这些形式发生了变化，人们仍然使用"拨电话号码"和"挂断电话"这样的表达方式，并未因形式的变化而改变这些词汇的意义。这正是符号的任意性所体现的现象，这种任意性的特点随处可见。

尽管对于语言中的大多数简单词汇而言，任意性这一观念的确是正确的，但是这一观念与人类从形式中观察意义的一般方式却也不尽一致。如果考察所有的新词或者已有词汇的创新意义，几乎所有这些新创词汇或已有词汇的新创意义都具有"明确的目的性"。一般而言，新词都是根据已有的语言素材或材料而创造的，因此，都具有丰富的意义。例如，software，这是一个新创造的词汇，它是通过类比已有单词 hardware 而构造的，复合符号 hardware 由两个简单词汇 hard

和 ware 构成，这两个单词本来都是任意性的；但是，由它们所构成的复合词就不再是任意性的了，因为两个构成部分的组合所产生的意义在一定程度上是容易理解的。hardware 原意是"家庭或花园使用的设备和工具"，这一意思被引申用来指计算机的运转部件和外设等机械性设备；通过类比，用于运行计算机的程序相应地被称为 software（软件），"软件"这一单词仍然是一个象征性符号，在它的形式和意义之间只具有约定化的联结，但这个象征性符号却不是任意性的，这是因为它的形式和意义之间的配对是有意识的，具有明确的目的性。

## 三、语言的结构与功能

### （一）语言的结构

语言是人类所特有的最重要的交际工具，是一种特殊的社会现象，人们借助语言保存和传递人类文明的成果。语言是民族的重要特征之一，一般而言，各个民族都有自己的语言。"语言"一般包括它的书面形式，但在与"文字"并举时只指口语。从内部结构的角度而言，语言是一种符号系统，但其在信息量和结构、功能的复杂性方面远非其他符号系统，如摩尔斯电码、旗语、灯光交通信号等所能比拟。语言系统是一个复杂的整体，由各个分支系统或层次，如音位层次、词汇层次、语法层次等组成。语言成分由各种关系加以联结，成分和关系互相联系、互相制约，构成井然有序的系统。

作为符号的语言单位具有两个重要方面：①表现方面，即语音；②内容方面，即语义。在语言单位中，音和义的结合是约定俗成的，就是因为人类创造语言时在选择语音形式表达意义内容方面的不一致，因而形成了不同的语言。一种语言的内部结构是一种语言区别于另一种语言的关键所在。不了解一种语言的内部结构，就无法辨认该语言的语音或书写的符号，并从中获取语义。没有掌握英语内部结构的人难以辨别 26 个字母不同排列组合后所表现的意思，不懂汉语的西方人也只会把汉字当成是奇形怪状的线条组合。

然而，了解语言的内部结构，即符号系统，并不等同于完全掌握该语言符号的意义，即语义。除了理解和掌握一种语言的内部结构外，还需要了解和掌握该语言的外部结构，即文化结构。一种语言的文化结构是指使用该语言的人或民族的生活方式的综合体，包括地理环境、民间传说、社会历史发展、风俗习惯、价值观念、科学技术、文学艺术等方面。语言通过文化结构来实现对物体或现象的指称。生活在不同文化环境中的人们对同一个语音或文字符号的理解可能不同。

## （二）语言的功能

语言是人类文化和社会的核心组成部分，具有多种复杂的功能，它不仅是一种交流工具，还是思维、文化传承和社会互动的重要载体。

### 1. 语言功能的影响力

语言功能的影响力主要包括以下几方面。①社会身份和权力结构。语言在社会中不仅是一种工具，还反映了社会身份和权力结构，语言的社会和文化影响可以影响个体的社会地位和机会。②文化认同和多样性。语言有助于塑造文化认同，不同文化中的语言反映了不同的价值观和传统，语言的多样性丰富了人类文化遗产，但也可能导致文化冲突和挑战。③跨文化交流和理解。在全球化时代，跨文化交流变得更加重要，人们需要掌握不同语言和文化，以便更好地理解和合作，多语言和跨文化能力对于个体和组织都具有重要价值。④语言政策和规划。政府和组织可以通过制定语言政策来促进文化多样性、语言保护和社会平等，语言政策也可以影响教育、媒体和社交互动。

### 2. 语言功能的主要特性

（1）语言功能的互动性。语言功能的互动性主要包括以下几方面。①语言功能的交织。语言的各种功能通常不是孤立存在的，它们经常相互交织在一起，在交流时，人们不仅是传递信息，还表达情感和社会身份；在文学作品中，语言既具有艺术功能，又传达了文化价值观，这种功能的交织使得语言更加复杂和多维。②语言的社会性。语言是社会性行为的一部分，人们使用语言来建立社交关系、表达归属感和社会身份，不同社会和文化背景中的语言使用方式反映了社会关系和权力结构，语言功能与社会互动密切相关。③语言的文化性。语言不仅是一种工具，还承载了文化的特征，不同文化中的语言反映了不同的价值观、信仰和传统，语言的文化性使得它成为文化认同的表达方式。④语言的个体性。尽管语言具有社会和文化的维度，但它也是个体的表达方式，每个人都在语言中表达自己的思想、感情和个性特征，语言的个体性使得它成为个体表达和自我实现的工具。

（2）语言功能的多样性。语言功能的多样性主要包括以下三方面。

第一，沟通和社会功能。语言的主要功能在于实现沟通。无论是日常对话还是学术讨论，人们都使用语言来交流信息、表达思想和情感。语言的沟通功能不仅有助于建立联系、解决问题，还满足了社会互动的需要。此外，语言也是文传承的工具，用以传递价值观、传统和历史。通过语言，社会关系和权力结构也得以反映，人们可以表达社会身份、归属感和文化认同。

第二，思维和认知功能。语言不仅用于与他人沟通，还用于内部思维。人们通过语言来组织思维、解决问题、制订计划和记忆信息。语言的思维功能有助于人类的智力发展，使人能够更深入地思考和理解复杂的概念。语言对个体的认知能力产生了深远影响，通过学习和使用语言，人们扩展了自己的认知能力，从而能够更好地理解世界、解决问题和适应环境。语言的认知功能有助于知识的积累和知识的传递。

第三，艺术和文学功能。语言被广泛用于创造艺术和文学作品。文学作品通过语言表达情感、塑造形象和探索主题，成为文化生活中不可或缺的一部分。在文学作品中，语言的精妙运用不仅展现了作者的才华，也深刻影响着读者的情感和思维。语言的艺术和文学功能丰富了人们的文化体验，激发了创造力和想象力，促进了文学艺术的发展和繁荣。通过文学作品，人们可以体验到语言的美感和表现力，进而感受到文化的多样性和丰富性，从而深化对人类生活和人性的理解。

（3）语言功能的发展性。语言功能的发展性主要包括以下几个方面。①语言和技术。随着技术的不断发展，语言的使用方式也在不断演变，未来的研究可以关注数字化时代语言的特点、趋势和影响，以及人工智能在语言处理中的应用。②多语言研究。多语言研究可以深入探讨人们如何同时使用和习得多种语言，以及多语言对思维和文化的影响，包括语言教育和跨文化交流的研究。③社会语言学。社会语言学研究语言与社会之间的关系，未来的研究可以进一步探讨语言在社会中的角色、社会阶层的语言差异和语言政策等问题。④语言的保护和多样性是一个备受关注的重要研究领域。未来的研究可以集中在如何保护和传承濒危语言，以及如何管理和制定政策来应对多语言社会的挑战上。

## 第二节　语言的研究意义

语言的研究意义涉及广泛，可以从语言对人类社会、文化传承及认知科学等多个方面展开探讨。

### 一、人类社会层面的意义

在人类社会层面上，语言的研究具有深远的意义。语言不仅是一种交流工具，更是社会组织、文化传播和知识传承的核心载体。通过语言，人们能够建立起紧密的社会联系，传递信息、表达情感、传播文化，从而推动社会的发展和演进。

第一，语言在社会组织中扮演着重要的角色。人类社会是由各种各样的群体和组织构成的，而语言则是这些群体之间交流和沟通的纽带。无论是政治组织、经济机构还是社会团体，都需要语言作为信息传递和组织协调的工具。通过语言，人们可以相互理解、协调合作，促进社会秩序的稳定和发展。

第二，语言是文化传播的重要媒介。每一种语言都承载着特定的文化内涵和价值观念，通过语言传递的不仅是信息，更是一种文化精神和认同感。语言的差异反映了不同文化背景下的思维方式和生活方式，体现了人类社会的多样性和丰富性。因此，深入研究语言可以帮助我们更好地理解和尊重不同文化，促进文化交流和对话，从而实现文化的传承和创新。

第三，语言也是知识传承的重要工具。人类社会的发展离不开知识的积累和传承，而语言则是知识传承的主要载体。通过语言，人们能够将自己的经验、思想和学识传递给后代，促进科学技术的进步和文化的繁荣。因此，深入研究语言可以帮助我们更好地理解知识的本质和传播规律，促进知识的创新和传承，推动社会的进步和发展。

## 二、文化传承层面的意义

"文化存在于各种内隐的和外显的模式之中，借助符号的运用得以学习与传播，并构成人类群体的特殊成就，文化的基本要素是传统通过历史衍生和由选择而得到的思想观念和价值。"① 在文化传承层面上，语言的研究具有极其重要的意义。语言作为文化的载体和表现形式，在传承和保护民族、地区、社群的文化精髓和传统知识方面扮演着不可或缺的角色。每一种语言都蕴含着丰富的文化内涵和历史积淀，它们不仅是人类文明的重要组成部分，更是文化传承和演进的重要工具。因此，深入研究语言的本质、结构及语言与文化之间的关系，对于理解和推动文化的传承与发展具有深远的意义。

第一，语言作为文化的载体，承载着民族、地区、社群的独特文化精髓。每

---

① 付艳丽. 目的论视角下英语语言文化与翻译的交融模式研究 [J]. 佳木斯职业学院学报，2016（8）：321.

一种语言都反映了其所处文化环境中人们的生活方式、价值观念等各个方面的特点。例如，中文中的成语、谚语，英文中的俚语、谚语等，都蕴含着丰富的文化内涵，反映了不同文化背景下人们的思考方式和生活态度。通过语言，人们可以传承和表达自己所属文化的精神和特色，促进文化的传承和发展。

第二，语言作为文化传承的工具，有助于保护和传承民族、地区、社群的传统知识和历史文化。许多古老的文化传统、风俗等都通过口头传承的方式传承至今。语言不仅是人们交流和沟通的工具，更是传统知识的存储和传播载体。通过对语言的研究，我们可以深入了解文化传统的内涵和特点，帮助人们更好地保护和传承传统知识，促进文化的传承和发展。

第三，语言研究有助于推动文化多样性的保护和传承，促进文化交流和对话。世界上存在着众多不同的语言和文化，每一种语言都代表着一种独特的文化传统和价值观念。保护和传承各种语言和文化的多样性，不仅有助于维护人类文明的多元性，更有助于促进不同文化之间的交流和对话，增进相互理解和尊重。通过语言研究，我们可以深入了解各种文化的精髓和传统，促进文化的交流和融合，实现文化多样性的保护和传承。

## 三、认知科学层面的意义

在认知科学层面上，语言的研究具有至关重要的意义。语言作为思维的工具和表达形式，不仅承载着人类思维活动的重要内容，更直接影响着人类认知能力的发展和演变。通过深入研究语言，我们能够更好地探究人类认知的本质、思维方式及语言加工机制，为认知科学领域的发展提供重要的理论支持和实践指导。

第一，语言作为思维的工具，对于人类高级认知活动具有不可替代的作用。人类的思维活动往往是通过语言来进行表达和实现的。例如，人们通过语言进行抽象思维，将具体的事物或概念进行抽象化和概括，从而形成更加复杂和深刻的认知结构。此外，语言还是概念建构的重要载体，人们通过语言对概念进行识别、分类和组织，从而形成自己的认知框架和认知模式。同时，语言还是推理推断等高级认知活动的重要工具，人们通过语言对信息进行加工和处理，从而进行逻辑推理和推断。因此，深入研究语言对于揭示人类认知能力的本质和机制具有重要意义。

第二，语言的研究有助于深入理解人类的思维方式和语言加工机制。语言不仅是一种符号系统，更是反映着人类思维方式和逻辑推理的内在规律。通过语言的研究，我们可以探究人类在思考和表达过程中的认知模式和策略，从而更深入地理解人类的思维方式和认知过程。此外，语言的研究还有助于揭示语言加工的神经机制和认知神经科学的相关原理，为认知科学领域的发展提供重要的理论支持。

第三，语言的研究为语言学习、教育和心理学等领域提供了重要的理论支持和实践指导。通过深入研究语言，我们可以更好地理解语言学习的机制和规律，为语言教学和语言教育提供科学的理论基础和实践指导。同时，语言的研究还有助于深入探讨语言与心理学之间的关系，为心理学领域的发展提供重要的参考和借鉴。因此，语言的研究对于促进语言学习、教育和心理学等相关领域的发展和进步具有重要的意义。

# 第三节　语言与语言学的分类

## 一、语言的分类

### （一）依据语言的类型分类

以词的构造为标准对语言进行分类，可将世界上的语言分为以下四种。

第一，孤立语。孤立语也叫作"词根语"或"无形态语"，它的语言特点是，词根和词缀本身在构词过程中不发生变化，因此，各类词在形态上缺乏明显的标志，词与词之间的关系主要通过词序和虚词等语法手段来表示。这类语言中的词，因为大多数是由词根组成的，所以具有这种特点的语言又叫作"词根语"。汉藏语系的诸语言大部分都有这种特点，所以归属于孤立语这种类型。

第二，屈折语。屈折语的主要特点是依靠词的内部屈折和外部屈折构词。用内部屈折手段构词，即通过词内部的元音或辅音的变化来表示词的不同的语法意义。例如，英语中的 foot［fut］是单数名词，复数是 feet［fiːt］，它的单、复数就有元音［u］和［iː］的交替；give 是现在时，gave 是过去时，因为时态的原因内部发生了变化。

第三，黏着语。黏着语是将具有一定语法意义的附加成分黏附在词根或词干上形成派生词，表示语法意义的附加成分好像是黏在词根上似的，所以叫作黏着语。在黏着语中，每个附加语素只表示一种语法意义，每一种语法意义总是用固定的附加语素来表示。因此，一个词如果要表达多种语法意义时，就要有一系列的附加语素。黏着语的词根和附加成分都具有相当大的独立性。就词根而言，它们不和附加成分结合也能独立存在。就附加成分来说，由于每一附加成分都只表示一种语法意义，而每种语法意义又固定用一个附加成分来表示，所以，当一个词存在附加成分时，就很容易地根据读音和所包含的语法意义把其中的附加成分区分出来。

第四，多式综合语。多式综合语又称"合体语""编插语"，它的特点是在一般语言中，句子成分作为附加成分包括在词里，一个句子就合在一个动词的大的语法形式里，以词的形式出现，句子和词统一起来了。这一类型语言的词好像互相编插在一起，一个词的一部分同时又是另一个词的一部分，所以也叫作"编插语"。例如，北美洲的契努克语的 I-n-I-á-I-d-am（我来是为了把这个交给她），其中，"-d-"是动词词根，表示"给"，其他都是附着在词根上面的各种成分，这是一个词，也是一个句子。

## （二）依据句法特点分类

### 1. 综合语

综合语主要运用综合性语法手段，如附加、内部屈折、重叠、重音等来表示词与词之间的语法关系。具有格范畴是综合语的标志。词的不同格变化用来表示词与词之间不同的语法关系。例如，俄语、拉丁语都是用格的变化来表示词与词之间的语法关系。此外，动词能综合地表示语法意义，形容词的级通过词本身的形态屈折来表示，也是这种类型语言的特点。用词的形态变化来表示词与词之间的语法关系的纯粹的综合语并不多见。通常除了词本身的形态以外，还有兼用虚词表示语法关系的语言，这种语言也叫作综合语。

### 2. 分析语

分析语主要运用分析性语法手段，如词序和虚词等来表示词与词之间的语法关系。不同的词序，使用不同的虚词会形成不同的语法关系，这是分析语的标志。例如，在汉语中，"意志坚强"和"坚强意志"的词序不同，语法关系就变了；"我和哥哥"和"我的哥哥"，由于虚词不同，表示的语法关系就有区别。一般而言，汉语是典型的分析语，英语、法语等语言也可以归入分析语。

分析语和综合语的分类是相对的，世界语言的结构具有复杂性，纯粹属于分析语（或综合语）的语言几乎是不存在的，侧重于综合手段的语言常常也使用分析手段；反之，侧重于分析手段的语言，也不排斥使用综合手段。另外，语言是发展变化的，语法手段的类型也常常会有变化，如古英语侧重使用综合手段，属于综合语，而现代英语侧重使用分析手段，属于分析语。

### (三) 依据语言的谱系分类

第一，世界语言的谱系。根据语言的亲属关系，世界上的语言大致可分为下列九大语系：汉藏语系、印欧语系、乌拉尔语系、阿尔泰语系、闪含语系、高加索系、达罗毗荼语系、南岛语系、南亚语系。有些语言由于来源还没有弄清楚，所以无法确定它们的亲属关系，如日语、朝鲜语等。

第二，我国境内语言的系属。我国是一个多民族的国家，境内的语言也比较复杂。我国的语言是以汉藏语系为主，此外还有阿尔泰语系、南亚语系、印欧语系等。属于汉藏语系的，除汉语外，具体包含以下七种。

一是属于壮侗语系的：壮语、布依语、傣语、侗语、水语、仫佬语、毛南语、黎语。

二是属于苗瑶语系的：苗语、瑶语。

三是属于阿尔泰语系的：维吾尔语、哈萨克语、乌兹别克语、塔塔尔语、柯尔克孜语、撒拉语、裕固语、蒙古语、达斡尔语、东乡语、保安语、土族语、鄂温克语、鄂伦春语、锡伯语、赫哲语等。

四是属于藏缅语系的：藏语、彝语、白语、傈僳语、纳西语、拉祜语、哈尼语、景颇语、土家语等共二十多种。

五是属于南亚语系的：佤语、布朗语、崩龙语三种语言。

六是属于马来-玻利尼亚语系的：台湾地区的高山语。

七是属于印欧语系的：塔吉克语、俄语。

## 二、语言学及其分类

### (一) 语言学的本质

#### 1. 语言学是研究语言的一门学科

"从科学的角度来看，语言学即一门专门的学科，人类的语言是其研究的对象。"[①] 概括而言，语言学主要关注点包括语言的本质、结构、功能和特征等方面。尽管在人类文明史上早有对语言的研究，但最初并不能称之为"语言学"，而更多地被称作"语言研究"，这是因为早期的研究者主要集中在书面语言记录的解释、古籍校勘和哲学探讨等方面，而没有直接关注语言本身的特性。因此，

---

① 张利. 当代英语语言学理论多维视角研究［M］. 北京：北京工业大学出版社，2019：9.

这些早期研究更倾向于文字学或语文学的范畴。

随着时间的推移，人们对语言研究的兴趣逐渐深入，开始关注语言的内在机制和规律。语言学的发展逐渐形成了以语言本身为研究对象的学科体系。这种转变的关键在于从单纯对书面语言文字的分析，转向对语言的口头表达和语言行为的研究。因此，语言学开始探索语言的构成要素、语法结构、语音学规律等方面，逐渐建立了自己的理论框架和研究方法。

在语言学的发展过程中，不同学派和理论涌现，对语言现象的解释也呈现出多样化的趋势。例如，结构主义、生成语法、认知语言学等学派相继兴起，为语言学的研究提供了不同的理论视角和方法论基础。这些理论的出现丰富了语言学的研究内容，推动了语言学的不断发展和进步。此外，随着科技的进步和全球化的发展，语言学的研究也日益受到重视。跨学科的合作使得语言学与计算机科学、神经科学等领域相互交叉，给语言学研究带来了新的机遇和挑战。例如，自然语言处理、神经语言学等新兴领域的涌现，为语言学的发展开辟了新的研究方向和领域。

## 2. 语言学是为了揭示语言及人类的实质

从不同的角度来看，不同的语言都拥有其独特的本质和特征，这使得语言学家需要从多个维度、采用多种方法来研究和揭示语言的本质。正因为如此，语言学的发展逐渐涌现了多种不同的流派和学术观点，这些不同的流派在一定时期内可能会对社会和人们的意识产生重大影响，但随着语言学家的不断创新和深入研究，这些流派往往会被不断修改和取代。因此，总结出某一具体的结论并非语言学的真正价值所在。在语言学的发展历史进程中，各种语言学流派虽然各具特色，但却是相互交织、异同共存的。

在语言学的研究中，从结构主义到生成语法，再到认知语言学和社会语言学等不同流派相继兴起。结构主义强调语言结构的内在规律性和系统性，通过分析语言的形式和结构来揭示语言的本质。而生成语法则将语言看作是一种递归的生成系统，强调语言的普遍性和内在规则。认知语言学关注语言与认知之间的关系，探讨语言如何反映人类思维的特点。而社会语言学则关注语言与社会、文化之间的关系，探究语言在社会环境中的变化和演变。

除了以上主流的语言学流派外，还涌现了诸如功能语言学、言语行为学、文化语言学等新兴的研究领域，这些不同的流派和学术观点为语言学的发展提供了丰富的理论资源和研究方法，推动了语言学研究的不断深入和拓展。

然而，每种语言学流派都有其局限性和不足之处。单一的研究视角往往无法完全揭示语言的多样性和复杂性。因此，语言学家往往需要跨越不同的流派和学术领域，进行综合性的研究，以更全面、深入地理解语言的本质和人类的语言活动，这种综合性的研究方法有助于我们更好地把握语言现象的内在规律和变化规律，为语言学的发展提供新的研究思路和方向。

## （二）语言学的分类

### 1. 传统语言学

（1）古希腊语言学。在 2000 多年前，对书面语言的研究就已在古希腊展开，当时对语言的研究还属于哲学的范畴，是其一个分支。大约在公元前 5 世纪，希腊人有两场关于语言的著名辩论。第一场辩论是有关语言是否为自然发生的争论，第二场争论是在第一场争论的基础上再次进行的，即有关语言语法结构是否规则的争论。

第一，有关语言是否为自然发生的争论。关于语言的起源和本质是否为自然发生的争论，是传统语言学中的一个重要议题，这场辩论代表着两种不同的主义：自然主义和传统主义。自然主义认为语言是自然发生的，语言中的词语形式反映了事物的本质。而传统主义则认为语言是一种约定俗成的产物，是人类社会文化的产物，这次辩论不仅促进了词源的研究，也激发了人们对词与词之间各种关系划分的兴趣。

在古希腊语言学中，这场自然主义与传统主义的辩论表现得尤为突出。古希腊语言学家对语言的起源和本质进行了深入的探讨，并在这一辩论中形成了不同的学派和观点。其中，代表自然主义观点的学派主张语言是由自然演化而来的，语言中的词汇形式反映了人类对事物的直接感知和体验。他们强调语言的内在规律和本能性，认为语言中的结构和形式是自然而然地产生的，与人类的意识和行为密切相关。相对而言，传统主义观点则更强调语言的社会和文化因素。传统主义者认为语言是一种社会文化的产物，是人类社会共同生活和交往的产物。他们强调语言的约定性和文化传承的重要性，认为语言中的词汇形式是人类社会在长期发展过程中形成的，是一种符号系统，需要通过社会共识来理解和使用。

在古希腊语言学的发展过程中，这两种观点相互交织、相互影响，共同推动了古希腊语言学的进步。自然主义观点促进了词源学和语音学的发展，强调了语言中的形式和结构特征。而传统主义观点则注重语言与社会、文化之间的关系，强调了语言的社会功能和文化背景。这两种观点的辩论不仅拓展了古希腊语言学的研究范围，也为后世语言学理论的发展奠定了基础。

第二，有关语言语法结构是否规则的争论。在古希腊语言学中，关于语言的语法结构是否规则的争论是一个备受关注的议题，这场辩论主要由两个主要派别展开：变则派和类推派。变则派认为语言是不规则的，这一观点的根源在于他们相信语言是自然发生的产物，因此，它的发展和变化是无法预料和规律化的。而与之相对的，类推派则坚信世界万物都受到宇宙的支配而有规则地运行，包括语言，他们认为尽管语言中存在一些不规则现象，但总体上来说，语言仍然是有规律可循的。

在古希腊早期，词源学、语音学和语法学成为学者的主要研究对象，其中语法学得到了迅速发展，对传统语言学的发展产生了深远影响。语法学的发展使人们开始系统地研究语言的结构和规律，试图揭示语言背后的规则和原则。这一时期的语法学家着重对语言中各种语法现象进行分析和总结，力图发现其中的规律性和普适性。

尽管古希腊语言学家在研究语法结构方面存在不同的派别和观点，但他们的研究都为传统语言学的发展开辟了新的道路。变则派的观点强调了语言发展的无序性和自然性，提醒人们不要过分追求规则和规范，而要关注语言的真实运用情况。而类推派则更加注重语言背后的普遍规律和原则，试图通过规则化的语法体系来解释和解析语言现象。

（2）古罗马语言学。古罗马语言学是从公元 1 世纪罗马帝国开始的，当时罗马帝国完全掌控了罗马。在这一时期，语言学的研究逐渐引起了学者们的关注，并且展开了越来越多的相关研究，取得了一定的成就。古罗马语言学的发展与罗马帝国的政治、经济和文化繁荣密切相关。在这一时期，拉丁语成为罗马帝国的官方语言，并随着罗马的征服和扩张而被广泛传播。古罗马语言学涵盖了对拉丁语言的研究，包括其语法、词汇、语音和文学等方面的探讨。同时，古罗马学者也开始对其他语言进行研究，如希腊语等。他们通过对这些语言的比较研究，探讨语言之间的相似性和差异性，推动了语言学理论的发展。在古罗马语言学的发展过程中，学者们提出了许多重要的语言学理论和方法，为后世的语言学研究奠定了基础。古罗马语言学在罗马帝国的统治时期达到了顶峰，为欧洲的语言学研究和发展做出了重要贡献。

## 2. 现代语言学

在语言学的现代发展时期，20世纪初可谓一个重要的节点，这一时期见证了语言学界的一次重大转折，而瑞士著名的语言学家索绪尔在其中扮演了关键角色。索绪尔被誉为"现代语言学之父"，他的贡献不仅体现在历史比较语言学领域，还在印欧比较语言学领域建立了突出的成就。在索绪尔的影响下，语言学界的研究范式发生了根本性的变革。

现代语言学时期区分了言语和语言的概念，强调了语言的社会性和抽象性。例如，口头语言或书面文章都属于言语的范畴，而语言则是随着社会发展而产生的一种抽象规则系统和词汇系统。语言存在于人们的意识中，不是某个个体的专属物质，而是一种可以被社会共同理解和使用的符号系统。这一观点深刻地影响了后来语言学研究的方向，使语言学家更加关注语言背后的普遍规律和社会文化背景。

## 3. 当代语言学

（1）理论语言学。语言学科能够对专门的一种语言进行研究，对某一种语言的语法、语音、词汇和句法结构等进行分析，并对人类所有语言的这些特征进行比较研究，探讨其共同点，同时对这些语言在历史发展中存在的普遍规律进行探究。另外，各种语言的研究成果也需要进行整合和分析，发掘其一般规律，并做总结。理论语言学能够按研究对象的不同，划分为两大类：专语语言学和普通语言学。

第一，专语语言学。专语语言学的研究对象是特定语言，按照分析语言状态方式的不同，还能将其细分为两大类：共时语言学和历时语言学。共时语言学是在语言静态时期做观察，历时语言学是对语言动态做研究。

一是共时语言学。在专语语言学中，共时语言学作为一个重要分支，其研究方法与视角为我们提供了一种深入理解语言结构和功能的途径。共时语言学以横向的角度对语言进行研究，主要着眼于语言的相对静态状态，采用同步、静态分析的方式来描述和分析某一时期和阶段的语言现象。其中，共时语言学可以被划分为对比语言学和描写语言学两大方向。对比语言学注重比较不同语言之间的异同，从中揭示出语言结构和功能的普遍规律。通过对比分析，语言学家可以更清晰地认识到不同语言之间的共性和差异性，从而深入理解语言的本质和特征。与之相对应的是描写语言学，它以时代为节点，对某一特定时代下的语言进行详细分析和描绘，这种研究方式类似一种断代史的方法，着重探究某一时期语言的基本特征和发展趋势。通过对特定时代语言的深入研究，描写语言学为我们提供了解读语言发展和变化的重要线索，有助于我们更好地把握语言演变的脉络和规律。

在实践中，共时语言学为语言学家提供了一种全面、系统的研究方法，使他们能够更加深入地理解语言的内在结构和运行机制。通过对语言的同步分析，研究者可以揭示出语言的内在规律和特点，从而为语言的研究和教学提供理论支持和实践指导。

二是历时语言学。历时语言学作为专语语言学的一个重要分支，其研究方法和视角为我们提供了一种纵向的、深入了解语言发展演变的途径。历时语言学主要以语言的发展史为研究对象，通过对语言在不同发展阶段的结构要素进行细致观察和分析，探究语言的演变规律和发展趋势。

与共时语言学侧重于语言的静态状态不同，历时语言学致力于研究语言的动态变化过程。通过对语言的历史发展进行深入探索，历时语言学揭示了语言在不同历史时期的变化轨迹和发展趋势，为我们理解语言的本质和演变规律提供了重要线索。历时语言学所涉及的学科称为历史语言学，其研究范围包括对人类语言的性质、结构特征和发展规律等方面的探究。与专语语言学不同，历时语言学将目光投向人类语言的整体发展历程，通过综合众多语言的研究成果，揭示出语言演变的普遍规律和特点。

在历时语言学的研究中，人们可以观察到不同语言在不同历史时期的发展特点和变化趋势。通过对语言的历史变迁进行系统的分析，历时语言学为我们提供了深入了解语言演变过程的机会，有助于我们更全面地理解语言的本质和发展规律。此外，历时语言学的研究成果也为语言学研究提供了重要的理论基础。通过对语言发展历程的深入探索，历时语言学为我们提供了丰富的语言数据和理论支持，为语言学研究的深入发展提供了重要参考和借鉴。

第二，普通语言学。普通语言学作为一门综合性学科，其研究对象是人类语言的普遍性质、结构特征及发展规律。相较于专语语言学，普通语言学更注重对语言的普适性和普遍规律的研究，将多种语言的研究成果进行综合，以揭示语言学的基本原理和规律。

一是普通语言学致力于研究人类语言的普遍性质。通过对各种语言的比较研究，普通语言学试图找出语言共有的特点和规律，探究语言作为人类交流工具的本质特征。这种研究有助于我们更好地理解语言的基本属性和功能。

二是普通语言学关注语言的结构特征。通过对语言的语音、语法、词汇等方面的研究，普通语言学试图揭示不同语言之间的共同之处和差异之处，以及这些结构特征在语言交流中的作用和影响。这种研究有助于我们更深入地理解语言的内部结构和运作机制。

三是普通语言学还关注语言的发展规律。通过对语言演变、语言变异及语言变化的历史过程进行研究，普通语言学试图揭示语言发展的一般规律和趋势，以及语言变化对社会、文化和认知的影响。这种研究有助于我们更全面地认识语言的发展历程和演变规律。

（2）应用语言学。通常而言，能从广义和狭义两方面对应用语言学进行大的划分。语言学和其他学科互相融合形成的新语言学科，即广义上的应用语言学，它研究语言的方法主要是对其他学科的研究方法和手段进行综合，是为了建立一门新的学科。而狭义上的应用语言学指的是，在语言教学中，应用研究语言习得心理等语言理论，来对不同语言之间的差异进行比较等。

第一，社会语言学。社会语言学作为一门综合性学科，将社会学和语言学相互交叉融合，旨在研究语言使用与社会环境之间的相互关系。这一领域具有广泛的研究范围和深远的学术意义。在理论知识方面，社会语言学借鉴了心理学、人类学和民族学等多个学科的理论框架，以构建其自身的理论体系。

一是社会语言学关注语言在社会环境中的使用。它研究语言是如何受到社会因素影响的，包括社会地位、文化背景、性别差异、年龄因素等，以及这些因素如何影响语言的使用方式、语言风格和语言态度。通过对不同社会群体之间语言使用的比较研究，社会语言学试图揭示语言与社会关系的深层联系。

二是社会语言学关注语言在社会互动中的作用。它研究语言是如何用于社会交往、社会互动和社会认同构建的，包括语言在群体认同、社会归属感、社会身份认同等方面的作用。通过对语言使用情境和语言交际策略的研究，社会语言学试图理解语言如何塑造和反映社会关系。

三是社会语言学关注语言与社会变迁的关系。它研究语言是如何随着社会变迁而发展演变的，包括语言的变异、语言的借用、语言的创新等方面。通过对语言变化的历史过程和社会背景的分析，社会语言学试图揭示语言与社会变迁之间的相互作用机制。

第二，心理语言学。心理语言学作为一门交叉学科，将心理学和语言学相融合，旨在研究语言和个体心理之间的密切关系。这一领域探究了语言对个体心理状态的反映，以及个体心理认知如何通过语言表达和观察而得到帮助。心理语言学的研究范围涉及广泛，包括语言理解、语言产生、语言习得等多个方面。

一是心理语言学关注语言在心理认知过程中的作用。它研究语言是如何影响个体的思维、记忆、注意力等心理过程的，以及语言是如何被认知心理机制所塑造和影响的。通过实验心理学和认知神经科学的方法，心理语言学试图揭示语言对个体心理认知过程的影响机制，进而深入理解语言和心理之间的关联。

二是心理语言学关注语言在情绪表达和情感调节中的作用。它研究语言是如何被用于表达个体的情绪状态、情感体验及情感态度的，以及语言如何影响个体情绪的产生和调节。通过对语言表达情感的语言学特征和情感词汇的研究，心理语言学试图理解语言与情感之间的密切联系，为情感调节和心理健康提供理论支持。

三是心理语言学关注语言在心理健康和心理治疗中的应用。它研究语言是如何用于心理咨询、心理治疗和心理康复中，以及语言如何通过言语行为疗法、语言分析和语言干预等方式来改善个体的心理健康状态。通过临床心理学和应用语言学的结合，心理语言学试图探索语言在心理治疗中的潜在作用，为心理治疗实践提供理论指导和方法支持。

第三，神经语言学。神经语言学作为一门新兴学科，独立于心理语言学，致力于探究语言与大脑结构之间的密切联系。近年来，随着神经科学和语言学领域的发展，神经语言学逐渐崭露头角，成为应用语言学领域的重要分支，其核心研究问题是探究大脑如何产生语言，以及语言加工与大脑结构之间的关系。

一是神经语言学关注语言加工在大脑中的神经机制。通过运用神经影像学技术，如功能性磁共振成像和脑电图等，神经语言学试图探究语言加工在大脑中的神经活动模式。通过观察被试者在执行语言任务时大脑活动的变化，神经语言学研究者可以揭示语言加工的神经基础，从而深入理解语言加工的认知过程。

二是神经语言学关注语言障碍与大脑损伤之间的关系。通过研究患有语言障碍的患者，如失语症患者或语言发育迟缓患者，神经语言学试图揭示语言功能的神经机制及大脑中与语言相关的特定区域。通过比较正常大脑和受损大脑的差异，神经语言学可以深入了解语言加工功能在大脑中的定位和分布情况，从而为语言障碍的诊断和治疗提供理论依据和临床指导。

三是神经语言学还关注多语言加工和大脑的可塑性。通过研究多语种个体及双语者，神经语言学可以揭示不同语言在大脑中的加工方式和交互作用。同时，神经语言学也研究语言学习和语言训练对大脑结构和功能的影响，探究大脑在语言学习过程中的可塑性和适应性。

# 第四节 语言的结构和建构

## 一、语言的结构

语言的结构由多项要素组成，每项要素统一起来构成了语言这一整体。下面重点探讨词汇和语法要素。

### （一）词汇

词汇，作为语言这一复杂建构体系的组成部分，扮演着不可或缺的角色，其在语法规则的约束下赋予了语言以意义和可理解性。词汇可谓语言的基石，其结构和运用方式直接影响着语言的表达能力和交流效果。从整体上看，词汇可被划分为词和熟语两大类，而词则由更为基本的词素组成，这些词素则是构成词的最小单位，不能再进行进一步的划分。在语言学中，词素被认为是词汇结构的基本组成部分，而词则是最小意义单位，是语言中能够独立运用的基本单元。

词汇的分析从词素开始。词素是语言中最小的具有语法功能和意义的单位，它们是构成词汇的基本要素。词素是一种抽象的概念，它可以是一个单词，也可以是单词的一部分，如词根、前缀、后缀等。词素的组合形式多种多样，其不同的组合方式构成了各种不同的词汇，丰富了语言的表达方式。例如，在英语中，"un-"是一个常见的否定前缀，如"unhappy"表示"不开心"，这里的"un-"就是一个词素，它赋予了词汇以否定的含义。

而词则是由词素组合而成，是语言中能够独立运用的基本单元。词汇的核心是词，它是表达语言意义的基本单位。词的构成可以是单个词素，也可以是多个词素的组合。在汉语中，一个词可以是一个字，也可以是由两个或多个字组成的复合词，如"学生""汽车"等。而在英语中，词的构成更加灵活，可以是单词，也可以是由多个词素组合而成的词，如"understand"（理解）由"under"和"stand"组成。因此，词在语言中具有多种形式和用法，是语言中不可或缺的重要组成部分。

另外，熟语也是构成词汇的重要组成部分。熟语是由固定词序排列的词或短语组合而成的，具有特定的语义和语法功能。熟语在语言交流中起着重要的作用，它们可以使语言更加生动、形象，并且能够准确表达特定的意思。例如，在英语中，"kick the bucket"（去世）是一个常用的熟语，其中的词语组合起来的意义与单个词的意义完全不同，只有当这些词组合在一起时才能表达特定的含义。

## （二）语法

在语言体系中，语法是由语言中现成的语法规则构成的，词汇单位都由语法组织构成，因此，语法也可以叫作"语言的建筑法"。语言的组织规律即为语法。词素构成词或词形，词构成词组，词组构成句子，这些都需要通过特定语法规则的支配来进行。词素搭配成词的规则叫作构词规则，词构成词组的规则叫作造词组规则。下面从词法和句法两个方面进行阐述。

（1）词法。在语言学中，语法的词法部分是语言结构中的一个重要组成部分，它由构形法和构词法两大方面共同构成，这两方面的存在，为语言的形态结构和词汇的生成提供了基本规则和原则。构形法和构词法又可进一步划分为词素分类和词类，这些分类和规则共同构成了语言中词汇的形态和组织方式。

第一，构形法是语言中用来形成词汇的一种基本规则，它主要涉及词汇的内部结构和形态变化。构形法即构形规则，是指通过改变词的内部结构或形态来生成新的词汇。这种变化可以包括词素的添加、删除、重复、交换等，以及词的词形变化，如时态、语态、人称等的变化。构形法的应用使得语言可以灵活地生成新的词汇，丰富了词汇的表达方式和含义。

第二，构词法是语言中用来构造新词的一种基本规则，它主要涉及词的生成和组合方式。构词法即构词规则，是指通过词素的组合和排列来形成新的词汇。构词法包括词素的派生、合成、转化等方式，通过这些方式，可以创造出各种新的词汇，满足语言表达的需要。

词法的另一个重要方面是词素分类和词类的划分。词素分类是对语言中词素的基本单位进行归类和分类，词类则是对词汇按照其在句子中的功能和用法进行分类。词素分类包括词素的词根、前缀、后缀等不同类型，而词类则涉及名词、动词、形容词、副词等不同种类的词汇。词素分类和词类的划分为语言学家研究语言结构和词汇功能提供了基本框架和理论基础，有助于深入理解语言的结构和运用规律。

（2）句法。句法由词组构词法和造句法共同构成，其还可以进一步划分，分成词组类型和句型。词组构词法即为构造词组的规则，造句法即为造句规则。词汇和语法作为语言的两大部分都是音义结合的，其中"音"是指语音，"义"是指语义。对语言而言，其外在的表现即为语音，音素是语音的最小单位；语义则是语言内在意义内容的表达，其主要涉及三方面的内容，即词汇意义、语法意义和修辞意义。语音和语义是不能相互独立而存在的，如果只有无语义内容的语音这种表现形式，那么声音也就不能称之为语言单位；若只有语义，没有语音这一语义表达的物质形式，那么语义就无法传达。

总而言之，语言是以语音为物质外壳、以语义为意义内容的音义结合的体系。语言体系具有稳定性和民族性，该体系随着人类历史的发展而发展，是人类生产生活中约定俗成并客观存在的。另外，其民族性决定了我们在语言的学习和研究中，还要注重语言体系及其结构要素间的关系。

## 二、语言的建构

语言的建构是语言学中一个重要的概念，涉及语言体系的组织和发展。它包括两个核心方面的含义：一是利用语言体系中的材料构成话语，二是在话语中的创新逐渐充实语言结构体系。这两方面相互作用，共同推动着语言的发展和演变。

第一，语言的建构始于人类的交际和思维活动。交际和思维活动是语言建构的基础，是人类使用语言的根本目的和动机。无论是口头交流还是书面表达，都离不开语言的运用。语言的建构过程中，人们通过运用语言体系中的材料，如词汇、句法规则等，构成具体的话语。这种话语的形成需要遵循语言体系的规则和约定，以确保交际的顺利进行。

第二，语言的建构也包含对话语的创新和变化。一旦新的话语被社会认可并纳入语言体系，它就会充实和丰富语言的结构体系。这种创新可以表现为词汇的新造、句法结构的变化、语义的扩展等形式。通过这种创新，语言体系得以不断发展和完善，适应着社会、文化和科技的变革。

语言的建构具有两大特性，即阶段性和连续性。阶段性体现在语言结构的相对稳定性上，即在一定时期内，语言结构能够满足交际的需要，并保持相对的稳定。然而，随着社会的发展和变革，交际的需求也在不断增长和变化，这就需要语言结构不断发展和调整，以满足新的需求，这就引出了语言建构的另一个特性——连续性。语言的发展是一个动态的过程，需要不断地适应新的情境和需求，保持与时俱进。

总体而言，语言的建构是一个动态、复杂的过程，涉及个体的思维活动、社会的交际需求及语言体系的发展和变化，它既体现了语言的稳定性和连续性，又展现了语言的创新性和变革性。通过对语言建构的深入研究，可以更好地理解语言的本质和发展规律，为语言学和社会语言实践提供理论支持和实践指导。

# 第二章 语言学理论的宏观与微观视角

## 第一节 宏观视角下的语言学

宏观视角下的语言学涵盖了广泛而复杂的领域，其中包括社会语言学和文化语言学。社会语言学研究语言在社会背景下的使用情况，探讨语言与社会之间的相互关系，而文化语言学则着重于语言与文化之间的关系，探究语言如何反映和塑造文化。这两个领域的研究相互交织，共同构成了宏观视角下的语言学研究范畴。

## 一、社会语言学

社会语言学作为一门年轻的应用语言学分支学科，产生的时间并不长，关于其研究对象、研究内容、学科性质、特点等的理解，语言学家和社会学家有不同的认识角度，国外学者和国内学者也有不同的侧重点，学术界有过不少争议。目前，随着研究的深入，人们对社会语言学的认识也渐趋一致。

社会语言学研究两个变量：一个是社会，另一个是语言。从语言的变化可以窥见社会的变化，这是显而易见的。语言文字的变化是否会给人类社会的某些方面带来变化或影响，这个问题也是需要深入研究的。语言是一种社会现象，其本质属性即为其社会性。语言伴随着人类社会的形成而产生，并随着社会生活的变化而发展。

就语言和社会相互依存这一观点而言，语言与社会的关系主要体现在：①语言的存在和发展离不开社会，语言是人类最重要的交际工具，任何个人的语言现象，都是派生于语言作为社会的交际工具而产生和存在这一基本事实，语言就是适应人与人之间的交际而产生的；②社会的构成需要语言，没有语言，人与人之间的联系就会中断；③语言行为同时也是社会行为；④语言通信的问题、对语言的态度问题等都是可能产生社会后果的问题。

### （一）社会语言学的研究要素

社会语言学是语言学的一个重要分支，它关注语言与社会之间的相互关系，研究语言在社会环境中的使用、变化和功能。社会语言学的研究要素主要包含以下七方面。

#### 1. 语言习得

语言习得指的是个体在特定社会环境和语言社区中逐步掌握和运用语言的过程。在这个过程中，个体通过参与社会交往和接触不同的语言输入，逐渐熟悉并掌握语言的表达方式和语言规范。社会语言学研究者对语言习得过程中的语言环境、社会互动及语言输入等方面展开研究，旨在深刻理解语言习得背后的影响因素和发展规律，以期为语言教育和语言教学提供理论支持和实践指导。

语言习得是一个个体不断探索、体验和适应的过程，其核心是语言的理解和运用能力的逐步提升。在特定社会环境和语言社区中，个体通过与他人的交流互动，感知和领会语言的实际运用方式，逐渐建立起对语言结构、语用规则和语境意义的理解。语言习得过程涉及对词汇、语法、语音及语用等各个方面的学习和掌握，需要不断的实践和反复的语言接触。同时，语言习得还受到个体认知能力、情感态度及学习动机等多方面因素的影响。个体的认知发展水平、情感态度、对语言学习的积极程度及学习动机的强弱都会直接影响其语言习得的效果和速度。

在语言习得的过程中，语言环境的多样性和丰富性起着重要的作用。一个充满语言交流和语言互动的环境会为个体提供更多的语言输入和语言输出机会，促进其语言表达和语言理解能力的全面提升。社会互动则是语言习得中不可或缺的因素，通过与他人的交流互动，个体可以更直接地感知和体验语言的真实运用情境，从而更快速地掌握语言的运用技巧和策略。此外，语言输入的质量和数量也会直接影响个体的语言习得效果，丰富多样的语言输入可以帮助个体建立更全面和准确的语言模型，促进其对语言规范的准确掌握和运用。

#### 2. 语言变迁

语言变迁是指语言在不同历史时期和社会发展阶段中所经历的演变和变化过程，这种变迁涉及语音、词汇、语法及语用等多个方面，反映了语言随着时间推移和社会发展而不断演变的特征。社会语言学研究者通过对语言变迁的历史背景、社会环境及语言文化因素的深入研究，旨在深刻地理解语言变迁的发展趋势和演变规律，为语言保护和语言传承提供重要的理论指导和实践支持。

（1）语言变迁是一个多维度、多层次的演变过程，与社会历史和文化发展密切相关。在不同历史时期和社会发展阶段，由于社会交往和文化交流的影响，语言在词汇含义、语法结构和语音特点等方面逐渐发生了变化。社会语言学研究者通过对历史文献、考古资料和文化遗产的研究，可以深入探究不同历史时期和社会发展阶段语言变迁的根源和动因，了解不同历史阶段对语言变迁的影响，为语言变迁的历史轨迹和历史意义提供深入的理论分析。

（2）语言变迁也受到社会环境和语言文化因素的共同影响。在不同社会环境中，语言使用的习惯和语言传承方式不同，这直接影响着语言变迁的方向和程度。同时，语言文化因素如文学作品、传统风俗及语言艺术形式也对语言变迁产生着深远影响。社会语言学研究者通过对社会环境和语言文化因素的分析和比较，可以深入了解不同社会环境和语言文化因素对语言变迁的影响机制和影响规律，为语言变迁的社会文化背景和社会意义提供深入的研究视角。

3. 语言地位

语言地位是指不同语言在社会中所处的地位和地位等级，通常涉及语言在政治、经济、文化等方面的地位差异，反映了社会对各种语言的重视程度和使用范围。社会语言学研究者通过对不同语言地位的比较和分析，致力于了解不同语言地位背后的社会原因和影响因素，以深入探讨语言地位对语言使用和语言传播的影响，为语言政策制定和语言规划提供理论支持和实践指导。

语言地位是一个复杂而多元的社会现象，它既反映了语言在社会生活中的实际作用和功能，又凸显了社会对不同语言的认知和态度。不同语言地位的形成往往受到政治、经济和文化等多方面因素的综合影响。在一些社会中，某些语言可能因为政治上的重要性或经济上的优势而被赋予更高的地位，从而成为官方语言或通用语言；而在另一些社会中，某些地方方言或民族语言可能因历史传承或文化特色而受到特殊保护和重视。

语言地位对语言使用和语言传播有着深远影响。在地位较高的语言中，人们往往更倾向于使用这些语言进行正式场合的交流和沟通，这也进一步强化了这些语言在社会生活中的主导地位和使用范围；反之，在地位较低的语言中，由于社会资源和机会的限制，这些语言的使用范围和传播渠道往往受到限制。

在语言政策制定和语言规划中，需要充分考虑社会的多样性和文化的多元性，平衡各种语言地位之间的关系，促进语言资源的合理配置和语言权益的平等保障。

## 4. 语言变体

语言变体是指在不同的社会群体、社会阶层、地理区域、文化环境或语言环境中所使用的不同语言形式或语言样式。语言变体作为社会语言学研究的重要内容之一，具有广泛的研究价值和意义，主要包含以下两方面。

（1）语言变体的产生和发展与社会因素密切相关。不同社会群体、社会阶层和地理区域所处的社会环境和社会文化背景不同，往往会产生不同的语言变体。社会语言学研究者通过对不同社会群体和社会环境中语言变体的分析和比较，深入了解不同社会因素对语言变体产生和发展的影响，为探讨语言变体的社会意义和社会功能提供理论支持和实践指导。

（2）语言变体的产生和发展还与地理区域密切相关。不同地理区域中的地理位置、地理气候和地理文化背景不同，往往会产生不同的语言变体。社会语言学研究者通过对不同地理区域中语言变体的分析和比较，深入了解地理因素对语言变体产生和发展的影响，为探讨语言变体的地域差异和地域特色提供理论支持和实践指导。

总而言之，语言变体作为社会语言学研究的重要对象之一，涉及社会因素、语言环境和地理区域等多个方面，它们相互交织、相互影响，共同构成了语言变体的产生和发展的复杂网络，为人们深入了解语言与社会之间的相互关系提供了重要的理论基础和研究框架。

## 5. 语言规范

在特定社会环境和语言社区中，语言规范是被广泛接受和遵循的语言使用规范和语言行为准则，这些规范和准则涵盖了语音、语法、词汇、语用和交际等方面，指导着人们在特定社会语境中的语言表达和交流。社会语言学研究者通过对不同语言规范的深入分析和研究，旨在了解语言规范的形成过程、发展演变以不同社会因素对语言规范的塑造和影响，有助于为语言规范的制定和传播提供理论支持和实践指导。

（1）语言规范的形成过程常受到历史和文化因素的影响。语言规范的确立往往与特定社会历史时期的文化发展和社会变迁密切相关。在特定历史时期，随着社会文明的进步和社会文化的发展，人们对语言使用的要求也在不断变化。社会语言学研究者通过对历史文献、文化遗产和社会演变的研究，可以深入探究语言规范的历史渊源，了解不同历史阶段对语言规范的影响，从而为语言规范的历史演变提供深入的理论分析。

（2）语言规范的发展演变常受到社会群体和社会阶层的影响。不同社会群体和社会阶层往往具有不同的语言习惯和语言偏好，这直接影响着语言规范的形成和演变。社会语言学研究者通过对社会群体和社会阶层的语言习惯和语言使用习惯的分析，可以深入了解不同社会群体和社会阶层对语言规范的理解和运用，从而为语言规范的社会差异和社会特色提供深入的研究视角。

6. 语言的社会影响因素

语言作为人类社会交流和文化传承的重要工具，在其形成、发展和演变过程中受到了众多社会因素的影响，这些社会因素包括社会结构、文化传统、经济发展、教育水平、政治制度等多方面因素，它们共同塑造着语言的使用方式、语言的功能及语言的地位。在社会语言学的研究中，对社会因素对语言的影响进行深入探究，不仅有助于深刻理解语言与社会之间的相互关系，而且为语言教育、语言规划及语言政策的制定提供了重要的理论依据和实践指导。

（1）不同社会结构中的社会阶层、社会组织和社会关系会对语言的使用和语言的传承产生深远影响。在不同社会阶层中，人们对语言的使用习惯和语言的表达方式往往存在差异，这直接塑造了不同社会阶层中的语言风格和语言规范。同时，在不同社会组织中，人们对语言的传承方式和语言的使用范围也存在差异，这直接影响着不同社会组织中的语言规范和语言传播方式。

（2）不同文化传统中的文学艺术及历史文化遗产直接影响着语言的词汇体系、语法结构和语用规则。在不同文化传统中，人们对语言的理解和语言的运用往往具有特定的文化内涵和文化意义，这直接塑造了不同文化传统中的语言规范和语言习惯。

（3）在经济发展水平较高的地区，人们往往更注重语言的实用功能和语言的经济效益，这促进了实用型语言的发展和应用。而在经济发展水平较低的地区，人们可能更注重语言的文化内涵和语言的情感表达，这促进了文化型语言的传承和发展。

（4）在受教育水平较高的社会中，人们更加关注语言的规范性和科学性，从而推动了标准型语言的传播和规范化进程。相反，在教育水平较低的社会中，人们可能更加注重语言的实用性和应用性，这有利于口语型语言的传承和发展。因此，教育水平直接影响着不同社会群体和社会环境中的语言学习和语言传播现象。

（5）在政治制度较为开放和自由的社会中，人们更注重语言的多样性和语言的民主性，这促进了多元型语言的发展和使用。而在政治制度较为封闭的社会中，人们可能更注重语言的统一性和语言的权威性，这促进了官方型语言的传播和规范化。因此，政治制度直接塑造了不同社会群体和社会环境中的语言规范和语言权威。

### 7. 语言在社会中的价值

语言在社会中扮演着多重角色，既是人类交流沟通的重要工具，又是文化传承和社会联系的纽带。除了作为信息传递的载体外，它还承载着情感表达、社会认同和文化传承等重要功能。社会语言学研究者致力于深入研究语言的多重功能，探究语言在社会中的功能特点和功能变化规律，旨在为语言功能的优化和发展提供理论支持和实践指导，主要包含以下三方面：

（1）语言作为人类交流和沟通的主要工具，有助于建立情感联系和传递信息。通过语言，人们能够有效地交流思想、分享信息和表达情感，进而促进社会成员之间的沟通和相互理解。社会语言学研究者深入研究语言在不同社会语境中的交流功能特点，以帮助人们更好地理解语言在沟通中的作用，为语言交流的有效性和准确性提供理论支持和实践指导。

（2）语言作为表达和情感传递的媒介，能够帮助人们有效表达内心的感受和情感体验。通过语言，人们可以表达喜怒哀乐、传递关爱和分享快乐，加强彼此之间的情感联系和社会认同感。社会语言学研究者深入探讨语言在情感表达中的功能特点，帮助人们更好地理解语言在情感交流中的作用，从而为情感交流的真实性和情感共鸣提供理论支持和实践指导。

（3）语言作为文化传承和社会联系的纽带，有助于传承和弘扬社会的文化传统和精神价值。人们可以通过语言传递历史文化、分享社会经验和弘扬民族精神，促进社会成员之间的文化交流和文化认同。社会语言学研究者深入探讨语言在文化传承中的功能特点，帮助人们更好地理解语言在文化传承中的作用，从而为文化传承的多样性和文化认同的发展提供理论依据和实践指导。"实景实践中学习者扮演不同角色，沉浸于意义建构的操练之中；明确指导指教师直接引导学生用元语言描述意义、规律，以产生系统的理解，教师指导起支架作用；批评框定使学习者将实景实践中获得的经验或明确指导中学到的知识与现有知识体系相联系，批判性地理解交流；转换实践中学生把设计原则应用于真实语境，产生新的意义。"①

## （二）社会语言学的研究内容

### 1. 中国社会语言学

中国的社会语言学，研究课题非常广泛，主要包括语言和方言人口统计，集团双语、多语、多方言现象，语言规划、发展、规范化，语言的混合，对语言的非标准变体的描写，语域和领域语言，中介语，语言的人种史，语音、词汇和语法变化的社会因素，语言同社会、文化、政治、经济等的关系，社会语言学的方法，儿童语言学习的发展，语言体系的功能，语言的环境，语言的相对性，语言的变异，言语社区调查与言语社区理论，口语研究，话语理论，秘密语，流行语，语言的独立同经济发展的关系，汉语的传播和维护，民族语言的保持与失却等。

### 2. 宏观社会语言学与微观社会语言学

宏观社会语言学与微观社会语言学是社会语言学领域中两个重要的研究方向，它们分别从宏观和微观层面探讨语言与社会之间的相互关系，旨在深入理解语言在社会中的作用和功能，主要包含以下两方面。

（1）宏观社会语言学聚焦于广泛的社会结构和组织对语言的影响，以探讨语言与社会之间的整体关系，并研究语言与社会结构、社会文化及社会变迁之间的相互关联。其目标在于揭示社会因素对语言分布、语言变体、语言地位和语言政策等方面的影响，以阐明语言在社会结构中的地位和功能，以及社会结构对语言演变和语言发展的作用。宏观社会语言学的研究范围涵盖了语言政策、语言规划、语言变迁和语言地位等诸多方面，通过对社会结构与语言结构的比较研究，揭示了语言与社会之间的深层联系，为语言规划和语言政策的制定提供了重要的理论支持和实践指导。

（2）微观社会语言学关注的是小范围社会互动和个体语言行为对语言的影响，分析语言与社会互动、社会认同及社会意义之间的关系，研究语言在日常交际中的具体运用和语言使用者之间的互动规律。微观社会语言学的研究对象包括语言交际、语言变体、语言使用习惯及社会群体之间的语言差异等方面，它通过

①　朱敏华，严敏芬. 多元识读背景下的英语课程设计研究 [J]. 中国教育学刊, 2015 (8)：80.

语言学理论探索与哲学思考

对社会互动和语言行为的实地观察和分析研究，揭示了语言使用者之间的交际模式和语言变体的形成规律，为语言教育和语言教学提供了重要的理论支持和实践指导。

总而言之，宏观社会语言学和微观社会语言学作为社会语言学研究的两个重要分支，分别从宏观和微观层面探讨语言与社会之间的相互关系，丰富了对语言与社会关系的认识和理解，它们共同构成了社会语言学研究的重要内容，为人们深刻理解语言在社会中的作用和功能提供了重要的理论支持和实践指导，促进了语言研究的深入发展和社会应用的广泛推广。

## （三）社会语言学的学科特性

社会语言学作为应用语言学的一个分支学科，它运用语言学和社会学等学科的理论和方法，联系社会来研究语言现象。尽管社会语言学产生、发展的时间较短，又是一门新的交叉性学科，但它已经逐渐形成了自己的学科特性，主要包含以下三方面。

### 1. 实验性

实验是社会语言学的重要研究方法之一，通过实验设计和实验操作，社会语言学研究者可以深入了解语言在特定社会环境中的表现形式和功能特点，揭示语言与社会之间的相互影响关系。社会语言学的实验性研究主要包括实验设计、数据收集、数据分析和结果解释等多个环节。首先，研究者需要根据研究问题和研究目的，制订合理的实验设计方案，在实验设计阶段，研究者需要明确研究假设、确定研究变量，并设计实验操作流程和实验条件，以确保实验的科学性和可靠性；其次，研究者需要进行数据收集工作，采用科学的数据采集方法和工具，收集与研究假设相关的实验数据，保证实验数据的真实性和可比性；再次，研究者通过数据分析工作，运用统计学和计量学等方法对实验数据进行量化分析和定量分析，以获取有效的研究结果和科学的结论；最后，研究者需要对实验结果进行合理的解释和论证，将实验研究结果与已有理论和实证研究相结合，从而得出有针对性的研究结论和理论推断。

社会语言学的实验性研究可以运用不同类型的实验设计和实验操作，具体包括：①实地实验主要通过实地观察和调查研究，探究语言在实际社会环境中的使用和变化情况；②实验室实验则通过控制变量和调节条件，模拟特定社会环境中的语言交际情境，从而深入了解语言在特定环境中的作用和功能；③网络实验则

· 40 ·

通过网络平台和虚拟环境，收集和分析社交媒体数据和网络语言数据，研究语言在网络社会中的传播和影响。通过实验性研究方法，社会语言学研究者可以深入探究语言与社会之间的相互作用关系，为语言教育和语言政策提供有益的理论指导和实践支持。

## 2. 应用性

作为应用语言学的一个分支，社会语言学的实用性显而易见。在语言地位规划和本体规划领域，社会语言学的应用表现尤为突出。社会语言学可以为双语教育态度的分析、双语教育模式的制定或选择，以及双语教育的评估提供理论依据。此外，对语言变异与社会阶层之间的关系进行研究，可以为语言社区教育（例如语言偏见矫正）提供指导。对语言与文化关系的研究可应用于跨文化交际，而对语言与社会关系的探讨则有助于词语的社会意义研究。除此之外，社会语言学的研究成果还在商业（例如广告文化、商品品牌名）、法律（例如法律语言的话语分析与功能辨别、法律文本的可读性指导）、医学（例如医生与病人交谈时的话语选择、交谈方式、话语模式等）、行政文书（例如语体和用词）、第二语言习得（例如交际适应理论和中介语问题，涉及跨文化交际），以及文学研究（例如文学话语分析模式中的父权主义分析、社会语言学分析等）等方面具有显著的实用价值。社会语言学还可为文学作品中人物角色的社会地位、身份认同、叙事方式、话语模式、语言表达等的分析提供帮助，为这些领域提供了新的观察视角和理论支持。

## 3. 综合性

社会语言学要借助其他学科的理论和方法来观察和研究语言现象和语言问题，社会语言学的建立就是语言学家、社会学家、人类学家等共同努力的结果，研究社会语言学的问题既需要语言学知识，也需要其他学科的知识。如研究语言的社会分化（社会方言），要涉及社会学中关于社会分层、社团确立等社会学观念；研究语言的各种变异的具体情况需要借助社会学的统计、调查等方法；研究双语政策、双语教育、语言教育规划，需要教育学的相关知识；研究语言跟民族、文化的关系就需要民族学、人类学、文化学的相关知识；研究语言的地域变体就跟地理学、移民史等有关。因此，社会语言学是一门综合性、边缘性极强的学科，具有跨学科的性质。

## （四）社会语言学与邻近学科

社会语言学借鉴了众多相关学科的研究方法和理论框架，与许多邻近学科之间存在着密切的联系与互动，共同构成了社会语言学研究的重要支撑和理论基础，为社会语言学研究提供了丰富的理论视角和研究范式，与社会语言学邻近学科主要包含以下四方面。

1. 社会语言学和人类学

社会语言学与人类学作为两个关注人类社会和文化的学科领域，在探究语言和社会之间的关系时有着显著的交叉点和共通之处。人类学作为一门综合性学科，着眼于人类的文化、社会生活和社会组织等方面，旨在深入探讨人类社会的多样性和复杂性。它通过对不同文化群体的观察、田野调查和文化比较，揭示人类社会的各种文化实践、传统风俗、社会结构和价值观念等，从而全面理解人类的行为和思维模式。

社会语言学则聚焦于语言在社会中的作用和功能，旨在探究语言与社会之间的相互关系和相互影响。它研究语言如何反映社会结构、文化认知和社会互动，以及语言如何塑造和被塑造于社会环境之中。社会语言学借鉴了人类学的田野调查和实地观察方法，通过对语言使用环境和语言社区的深入研究，探讨语言与文化之间的关联性和语言与社会之间的相互作用。

一方面，社会语言学与人类学在方法论上有着密切联系。两者都重视实地观察和田野调查，倡导直接参与和亲身经历。人类学通过田野调查深入了解不同文化背景下的社会组织、家庭结构等，而社会语言学通过实地考察语言使用环境和语言社区，揭示语言与社会的互动关系和文化背景下的语言实践。另一方面，社会语言学与人类学在研究内容上也有交汇之处。两者都关注社会与文化对个体和群体行为的影响，关注社会结构、文化认知和社会互动对语言使用的塑造和影响。人类学强调文化的多样性和社会生活的复杂性，而社会语言学则深入探讨语言在社会中的功能和地位，以及语言与文化之间的紧密联系。

2. 社会语言学和社会学

（1）社会语言学与社会学在方法论上有着密切联系。两者都倡导对社会现象进行综合性的结构分析和实地观察，注重从社会系统的角度去理解和解释人类行为和社会现象。社会学通过社会调查、统计分析和历史比较等方法，揭示社会结构和社会变迁的规律性和趋势性，而社会语言学则通过语言调查、语言社区观察和语言使用分析等方法，深入研究语言在不同社会环境中的使用方式和变化规律，从而探究语言与社会结构之间的内在联系。

（2）社会语言学与社会学在研究内容上也有着交汇之处。两者都关注语言在社会中的地位和功能，以及语言与社会结构、社会文化之间的相互关系。社会学强调社会结构和社会关系对语言的塑造和影响，而社会语言学则关注语言在社会变迁过程中的演变和变化，以及语言与社会变迁之间的相互作用。社会语言学通过对语言地位、语言政策和语言变迁的研究，揭示语言在社会中的地位和功能，以及语言与社会变迁之间的复杂关系。

3. 社会语言学和心理学

社会语言学和心理学作为两个独立但相关的学科领域，各自关注着人类语言和心理活动的不同方面。心理学致力于研究人类思维、情感和行为等心理活动的本质和机制，而社会语言学则专注于语言的认知、情感表达和交际行为等方面，探究语言在认知和情感中的作用和功能。

心理学通过实验和观察方法，探究人类思维和情感的形成、发展和变化规律，深入研究个体心理活动的内在机制。它关注个体的心理过程，如注意力、记忆、学习、情绪等，以及这些过程如何影响人类行为和决策。同时，心理学也研究人际关系、社会认知和群体行为等社会心理学问题，揭示个体心理活动与社会环境之间的相互影响。与此相比，社会语言学将语言视为社会交往的工具，关注语言在社会交往和群体中的应用和影响。它探讨语言的使用方式、语境下的意义和社会背景对语言的塑造作用，以及语言如何反映和影响社会结构、文化认同和社会关系等方面。社会语言学通过分析语言的社会功能和交际策略，揭示了语言在社会互动中的重要作用。

在这两个学科领域的交汇处，社会语言学借鉴了心理学的认知分析和情感研究方法，以更深入地探究语言与心理活动之间的关联性。例如，社会语言学通过研究语言认知过程，探讨语言如何影响个体的思维方式和认知结构，以及个体在语言交际中如何处理信息、理解语义和构建意义。同时，社会语言学也关注语言与情感交流之间的相互影响，探究语言在情感表达和情感调节中的作用，以及情感因素对语言选择和语言使用的影响。

因此，社会语言学和心理学的交叉研究为我们提供了更全面、更深入地理解语言与心理活动之间复杂关系的视角。通过对语言认知和语言情感的综合分析，我们可以更好地理解语言在个体认知和情感表达中的作用，为语言学和心理学领域的研究提供了新的启示和突破口。

4. 社会语言学和语言学

语言学作为语言研究的核心学科，其主要任务是深入研究语言的结构、功能和规律。在这一领域，社会语言学作为语言学的重要分支，突出了语言与社会之间的密切联系，以及它们之间相互影响的关系。社会语言学的研究成果不仅丰富了语言学的研究范畴和内容，同时也促进了语言学的发展和语言研究的深入推进。

（1）社会语言学强调了语言的社会性质。语言不仅是一种交流工具，更是反映社会结构、文化传承和社会关系的重要载体。社会语言学通过对语言使用者之间的交际行为、社会身份和文化认同等方面进行研究，揭示了语言与社会之间相互作用的复杂关系。这种研究有助于我们更好地理解语言在社会生活中的地位和作用，进而为语言规范、语言政策及社会文化发展提供理论支持。

（2）社会语言学关注语言变化与社会变迁之间的关系。语言是一种动态的现象，不断地受到社会、文化、科技等因素的影响和塑造。社会语言学通过对语言变化的研究，揭示了社会变迁对语言结构、词汇和语法等方面的影响。例如，随着科技进步和全球化的发展，新词汇的产生和语言交流的方式发生了重大变化，这反映了社会发展对语言演变的影响。通过深入研究语言变化的机制和规律，社会语言学为我们理解语言演变的动态过程提供了重要线索。

（3）社会语言学还关注语言的地区性和社会群体之间的差异。不同地区和社会群体之间存在着语言使用习惯、词汇选择、语音特点等方面的差异，这种差异反映了地域文化、历史传统和社会背景的多样性。社会语言学通过对这些差异的研究，深入探讨了语言变体、方言和社会语言群体的形成机制，为我们理解语言的多样性和丰富性提供了重要视角。

总而言之，社会语言学与人类学、社会学、心理学及语言学等多个领域存在着密切的联系与互动，它们共同构成了社会语言学研究的重要支撑和理论基础，为人们深刻理解语言与社会之间的相互关系和相互作用提供了丰富的理论视角和研究范式。

## （五）社会语言学的研究流程

社会语言学作为一个跨学科的研究领域，致力于研究语言与社会之间的相互关系，其研究流程通常包括研究问题的确定、研究设计的制定、数据采集与整理、数据分析与解释、结论的得出与讨论等多个环节。以下详细阐述社会语言学的研究流程。

### 1. 确定研究问题

（1）研究者需要明确研究的目的。社会语言学研究的目的可以是解释某一特定现象的成因，探索语言与社会之间的关系，或者评估语言政策的有效性等。在确定研究目的时，研究者应该考虑到自己的研究兴趣、学术背景及对领域的贡献。

（2）研究者需要明确研究的范围。社会语言学涉及的领域广泛，包括语言变体、语言地位、语言政策、语言与社会关系等多个方面。因此，在确定研究问题时，研究者需要限定研究的范围，以便更好地深入研究和分析。

（3）研究者需要确定研究的重点。在社会语言学的研究中，研究者可能面临各种不同的问题和挑战，因此需要确定研究的重点，集中精力解决关键问题。这通常需要对已有文献和研究进行综合分析，确定需要解决的关键问题，并制定相应的研究策略和方法。

（4）研究者需要根据自身的研究兴趣和学术背景，选择特定的社会语言学问题进行研究，这可能涉及收集和整理相关文献资料，进行实地调查和观察，或者利用统计分析等方法进行数据处理和解释。在研究问题确定后，研究者还需要制订详细的研究计划和时间表，明确研究的步骤和流程，以便顺利完成研究任务。

## 2. 制定研究设计

在社会语言学的研究流程中，制定研究设计是至关重要的一步。在这个阶段，研究者需要根据研究问题和研究假设，制订合理的研究设计方案，并选择适当的研究方法和研究手段来实施研究。

（1）研究者需要明确研究问题和研究假设。研究问题是研究的出发点和目标，而研究假设则是对研究问题的一种推测或假设性的陈述。在制定研究设计时，研究者需要根据研究问题和研究假设确定研究的具体内容和方向，以便更好地实现研究的目的。

（2）研究者需要选择适当的研究方法和研究手段。社会语言学涉及的研究方法和手段多种多样，包括实地调查、问卷调查、实验研究、语料库分析等。研究者应该根据具体的研究问题和研究目的选择最合适的研究方法和手段，以便获取准确、全面的研究数据。

（3）研究者需要设计研究方案。研究方案是研究的具体实施计划，包括研究的时间安排、样本选择、数据收集和数据分析等方面。研究者应该根据研究的实际情况和要求，设计合理的研究方案，并确保研究过程的科学性和有效性。

（4）研究者需要实施和执行研究。在实施研究过程中，研究者应该按照事先制订的研究方案，认真收集和整理研究数据，进行必要的数据处理和分析，并及时调整研究进展和方向，以确保研究的顺利进行和取得可靠的研究结果。

### 3. 数据采集与整理

在数据采集与整理阶段，研究者需要采用科学的数据采集方法和工具，收集与研究问题相关的实证数据和实际案例。研究者可以通过实地观察、问卷调查、访谈访问、语料库检索等方式，收集与语言使用和语言变迁相关的数据，确保数据的真实性和可靠性。同时，研究者需要对采集到的数据进行整理和归纳，建立科学的数据档案和数据库，为后续的数据分析和解释提供便利。

### 4. 数据分析与解释

在数据分析与解释阶段，研究者需要借助统计学和计量学等方法，对采集到的数据进行量化分析和定量分析，挖掘数据背后的规律和趋势。研究者可以运用 SPSS、R 语言、Python 等统计软件，对数据进行统计描述、相关分析、回归分析等处理，从而揭示数据之间的关联性和相关性。同时，研究者需要运用逻辑推理和理论分析等方法，对数据分析结果进行合理解释和科学论证，得出科学的研究结论和理论推断。

### 5. 得出结论与分析

在得出结论与分析阶段，研究者需要根据研究问题和研究结果，得出科学的研究结论和理论推断，总结研究成果和研究发现，提出合理的建议和展望。研究者可以针对研究问题的重要性和研究意义，对研究结论进行深入讨论和广泛交流，探讨研究结果对社会语言学理论和实践的意义及影响，为社会语言学研究的深入推进和学科发展的持续壮大提供理论支持和实践指导。

总而言之，社会语言学的研究流程包括多个环节，需要研究者严谨的科学态度和系统的研究方法，以确保研究成果的科学性和可信度。同时，社会语言学的研究流程还需要充分结合实际社会需求和学科发展趋势，不断完善和创新研究方法和研究手段，推动社会语言学研究的深入发展和学术成果的不断涌现。

## 二、文化语言学

### （一）文化语言学的研究要素

文化语言学是一个跨学科的研究领域，其旨在深入探究语言与文化之间的紧密联系，以及它们之间相互作用和相互影响的机制。在文化语言学的研究中，认知过程发挥着关键作用，涉及人类思维对语言符号、语言结构及语言使用方式的认知加工。这种认知过程对于理解语言的文化背景、语言习得及语言使用等方面具有重要意义，为人们揭示了语言和文化之间错综复杂的联系及认知机制背后的复杂性。

第一，文化语言学探索了语言知识和文化认知之间的相互关系。语言是文化的一部分，它反映了特定文化背景下的思维方式、价值观念和认知模式。文化语言学通过分析语言符号的文化内涵、语言结构的文化特征及语言使用的文化背景，揭示了语言知识与文化认知之间的内在联系，这有助于人们更全面地理解不同文化背景下的语言使用方式，深入挖掘语言背后的文化内涵和社会意义。

第二，文化语言学探索了语言习得过程中的文化认知因素。不同文化背景下的语言习得过程存在着文化认知因素的影响，这些因素包括社会文化环境、家庭教育背景及语言学习者个体的文化认同。文化语言学通过探讨语言习得过程中的认知机制和文化因素，揭示了语言习得与文化认知之间的内在联系，为跨文化教育和语言教学提供了重要的理论支持和实践指导。

然而，文化语言学的认知研究也面临着一系列挑战和争议。首先，认知过程的复杂性使得文化语言学研究需要综合考虑多种因素的影响。文化语言学的认知研究需要解决认知加工过程中多种因素相互交织的问题，包括语言结构、文化背景、认知心理等因素之间的相互影响关系。其次，文化语言学的认知研究需要结合具体的语言现象和文化情境，避免简单化和概括性的解释。因为不同语言和文化背景下的认知差异可能呈现出复杂和多样的特征。

为应对文化语言学的认知研究面临的挑战和争议，可以采取多种策略来推动其发展。首先，应加强基础理论研究，深入探讨语言认知加工的机制和规律，为文化语言学的认知研究提供更加深入和全面的理论支持；其次，应注重实证研究和案例分析，通过深入的田野调查和实地观察，深入探究不同文化背景下的语言认知加工机制和模式，为理论研究提供具体的实证依据。

## （二）文化语言学的研究意义

### 1. 促进语言教育与文化传承

语言教育是培养学生语言能力和跨文化交际能力的重要途径。文化语言学的研究有助于教育者更全面地了解语言教学中的文化因素和认知机制，从而更有效地设计和实施语言教育课程，培养学生的跨文化交际能力和全球视野。同时，文化语言学的研究也为文化传承提供了重要的理论指导和实践支持，有助于保护和传承各种语言和文化的多样性和独特性。

### 2. 促进跨文化交流与国际合作

在全球化背景下，不同国家和地区之间的交流与合作日益频繁，跨文化交际能力成为当代社会中不可或缺的能力。文化语言学的研究为人们提供了深入了解不同文化背景下的语言和思维方式的机会，促进了不同文化间的相互理解与融合，有助于建立一个包容性和多元化的国际社会。"人类的任何行动都需要接受意识的支配，人们开展跨文化交际活动也是如此，只有形成了一定的跨文化意识，清楚跨文化交际过程中的交际规则，才能保证交际的顺利进行。"①

### 3. 有助于人们理解语言与文化的关系

语言是文化的重要组成部分，它不仅是交流和沟通的工具，更是一种文化传承和认同的载体。文化语言学通过深入研究不同语言背景下的语言符号、语言习惯及语言结构等方面，帮助人们更好地理解不同文化之间的差异和共通之处，促进不同文化间的交流与理解，从而为构建一个多元和包容的世界提供了理论基础和实践指导。

## (三) 文化语言学的实践

### 1. 语言教学

在语言教学领域，文化语言学的实践发挥着重要的作用，其为教师提供了设计更具文化特色的教学内容和教学方法的理论支持，旨在提高学生对不同文化背景下语言使用的理解和应用能力。

（1）文化语言学在语言教学中的应用使得教师能够更好地融入目标语言所代表的文化元素，例如习惯用语、文化节日、传统风俗等，从而使得语言学习更加贴近实际生活，更具生动性和趣味性。这种融入文化元素的教学方式不仅能够激发学生的学习兴趣，还能够加深他们对文化差异的认识，培养他们的跨文化交际能力。

（2）文化语言学为语言教学提供了跨文化交际能力培养的理论基础和实践

---

① 许丽云，刘枫，尚利明. 大学英语教学的跨文化交际视角研究与创新发展 [M]. 北京：中国商务出版社，2020：32.

指导。在全球化背景下，跨文化交际能力越发重要，而文化语言学的实践为教师提供了一种具体的教学路径。通过了解不同文化背景下的语言使用规范、礼仪习惯和价值观念，学生可以更好地适应多元化的语言环境，提高他们在跨文化交流中的交际效果和质量。因此，文化语言学的实践为培养学生的跨文化意识和跨文化交际能力提供了重要的理论依据和教学方法。

### 2. 国际交流与跨文化管理

在全球化背景下，不同国家和地区之间的交流与合作日益频繁，而文化差异也成为影响国际交流的重要因素之一。文化语言学的研究成果可以帮助人们更全面地了解不同文化背景下的语言使用特点和交际模式，为国际交流提供重要的文化背景和交际准则。在企业和组织的跨文化管理中，文化语言学可以为管理者提供有效的跨文化沟通策略和文化融合方案，帮助解决不同文化背景下的沟通障碍和管理问题，促进企业和组织的国际化发展和文化融合。

### 3. 文化传播和语言服务

在文化传播领域，文化语言学的实践对于传媒机构和文化组织设计和传播具有文化特色的内容和信息具有显著的意义。

（1）文化语言学可以帮助传媒机构和文化组织深入了解目标受众的文化背景和语言习惯，从而更加准确地把握受众的需求和兴趣。通过针对性地融入目标受众所熟悉和感兴趣的文化元素，例如习惯用语、文化节日、传统风俗等，传媒机构和文化组织可以设计出更具吸引力和影响力的文化传播内容，从而提高传播效果和受众的接受度。

（2）文化语言学的实践有助于促进不同文化之间的相互理解和交流。通过传播具有文化特色的内容和信息，传媒机构和文化组织可以弘扬各种文化的精髓，拓宽受众的文化视野，增进不同文化之间的相互了解和尊重。特别是在全球化背景下，文化语言学的实践可以弥补文化传播中的文化差异和误解，促进跨文化交流和交流的和谐发展，从而为构建一个更加多元、包容的文化交流平台做出积极的贡献。

（3）在语言服务领域，文化语言学同样发挥着重要的作用，为翻译、口译、文案策划等语言服务提供了重要的文化背景和语境支持。一般而言，文化语言学可以帮助语言服务提供者深入了解源语言和目标语言所代表的文化内涵和价值观念，从而更好地把握原文的意义和情感色彩，避免翻译中的文化误解和偏差。通过对文化差异的敏感性和理解力，语言服务提供者可以更准确地传达不同文化背景下的意义和信息，提高翻译和口译的质量和效果。

（4）文化语言学的实践有助于提升语言服务的专业性和专业水平。在文案策划等语言服务中，文化语言学可以帮助语言服务提供者更好地把握目标受众的文化背景和语言习惯，设计出更具吸引力和影响力的文案内容，从而提高文案策划的效果和受众的接受度。此外，文化语言学还可以为口译服务提供重要的语言和文化背景支持，帮助口译人员更好地理解源语言和目标语言之间的文化差异，从而提高口译的准确性和流畅度。

## 第二节　基于宏观视角的语言交叉学科

### 一、语言哲学

语言哲学"是探索人类语言的一般性质、状态、特性以及语言科学的理论基础和概念基础的各种研究的总称"①。语言哲学是一个跨学科的研究领域，它涉及哲学、语言学及逻辑学等多个学科，以探讨语言的本质、功能和与现实之间的关系为主要目标。在这个宏观视角下，语言哲学主要围绕着三方面展开研究：对意义、同义词、句法、翻译等语言现象进行哲学思考，对语言学理论的逻辑地位和验证方式进行探讨，对语言的结构、功能、语言本质及语言与现实之间的关系等内容进行哲学性质的理论探究。

第一，语言哲学关注语言的意义、同义词、句法结构及翻译等语言现象，这些问题不仅是语言学的范畴，更是哲学思辨的对象。通过哲学的思考方式，语言哲学试图揭示语言的深层次意义，探究言语背后隐藏的逻辑结构和语义关系，以及不同词汇、句法结构之间的关联与异同。在这一方面，语言哲学旨在理解语言背后的逻辑机制和语义规律，以及语言的真实表达与意义传递。

第二，语言哲学也涉及对语言学理论的逻辑地位和验证方式的研究。语言学理论需要在严谨的逻辑推理和科学方法的指导下进行建构和验证，而语言哲学提供了一种哲学视角下的反思和批判。通过对语言学理论的逻辑结构、内在连贯性及理论验证的方法进行深入探讨，语言哲学致力于使语言学理论更加完善、科学

---

① 张利. 当代英语语言学理论多维视角研究 ［M］. 北京：北京工业大学出版社，2019：111.

和可靠。

第三，语言哲学关注语言的本质、语言与现实的关系等问题。语言是人类认知和社会交往的重要工具，它不仅是一种沟通工具，更是人类思维和文化的载体。在语言哲学的视野中，人们探究语言的起源、发展和演变，探讨语言如何反映现实、塑造现实及与现实之间的关联。此外，语言哲学还关注语言与意识、语言与文化之间的互动关系，以及语言对于认知、社会和文化的影响。

## 二、语言生态学

语言生态学是一门综合性、前沿性的交叉学科。当今社会，生态越来越受到人们的关注，语言生态与构建良好的语言生态环境、生态文明紧密相连。多姿多彩的民族语言和文化都有其存在的理由和价值。语言和文化的多样性能够更好地保证人类社会生态系统的平衡，保证不同国家、不同民族、不同文化、不同语言的人和谐相处、互相学习、共同发展，从而保证人类拥有可持续发展的社会文化空间。

在当今社会，语言的发展呈现出异常复杂的局面。一方面，由于经济和社会的变革，大量新的表达方式不断涌现并极大地丰富了语言，语言的呈现方式发生了巨大变化，语言的表现力也大为提高；另一方面，语言的发展由于受到诸多不利因素的影响，语言生态也面临着挑战。例如，现在很多广告语对语言的故意误用引起人们的关注，篡改成语以求广告创意的做法有愈演愈烈之势。由于语言学习的黄金阶段集中在一个人的少年和青年时期，如果他们接受并使用各种不规范的语言，那么语言使用者本身、语言工作者和整个社会都将为此付出代价。

语言生态学是一个跨学科的研究领域，它旨在探讨语言与环境之间的相互关系，以及语言使用对环境和社会的影响。要改善语言生态，营造话语和谐，需要全社会的共同努力，这是一个复杂而长期的过程。语言学家们应当密切关注语言污染问题，并深入分析其根源和影响，以提出有效的改善语言生态的方法，为国家有关部门的决策提供依据。

第一，媒体在净化语言方面扮演着重要角色。媒体作为信息传播的主要渠道，其使用的语言直接影响着社会大众的语言习惯和观念。因此，媒体应该承担起净化语言的责任，避免使用低俗、粗鄙或歧视性语言，以提升公众语言素养，促进社会语言环境的和谐。

第二，阅读文学作品是提高大众语言素质的重要途径。文学作品以其丰富多彩的语言表达和深刻的思想内涵，可以激发人们对语言的热爱和尊重，培养人们的语言修养和审美情趣。作家们在创作过程中应该注意语言的规范和优美，以示范正确的语言使用方式，引导社会形成良好的语言氛围。

第三，文化部门也应该积极参与到语言生态的整顿和监管中来。特别是在流行音乐市场等领域，文化部门可以加强对语言的监管和引导，推动流行音乐作品的审查和规范，杜绝不良语言的传播，从源头上净化语言环境，保障公众的语言权益。

# 第三节　语言学的微观视角分析

## 一、语言学的微观视角——语音学

### （一）声学语音学

声学语音学作为一门物理语音学，专注于研究语音在传递阶段的声学特性。与发音语音学不同，声学语音学更加注重语音在物理空间中的传播和特征。过去，语音的物理属性主要由声学家（言语声学）研究，但近年来，由于言语通信工程和人工智能研究等领域的需求，声学语音学逐渐崭露头角，并与传统语音学逐渐融合。

声学语音学借助最新的电子仪器和其他器械，正在日益深入地揭示语音内部的奥秘。通过这些仪器，研究者能够更加准确地测量和分析语音的声学特性，从而深入了解语音的物理特征及其对听觉的影响，这些研究成果不仅对传统语音学具有重要意义，还为语音科学的发展提供了新的视角和方法。

在声学语音学的研究中，科学家们取得了许多重要的发现和进展。例如，一些专门仪器的使用使得研究者能够更好地了解元音音色的本质特征，这有助于我们更深入地理解语音产生的生理机制。同时，声学实验还证明了咽腔在语音产生中的重要作用，这一点过去常被忽视。此外，声学语音学的发展也有助于解决一些语音学上的争议。例如，过去对于辅音中塞擦音是单个辅音还是复辅音的争论，声学分析仪器提供了明确的答案，为这一问题画上了句号。

声学语音学的发展还促进了语音物理属性的定量分析，使得我们能够更加准确地测量和描述语音的音长、音高、音强和音质等特征，这些研究成果为我们深入了解语音的声学特性和语音学的发展提供了重要的支撑和参考。

总而言之，声学语音学作为近年来语音学中取得成果最大的学科之一，对语音的研究已经进展到相当深入的阶段。未来，声学语音学的研究热点主要集中在语言的合成和识别两方面，旨在实现机器发出高度仿真的语言和使机器能够识别任何人的语音。

## （二）发音语音学

发音语音学也称为"生理语音学"，主要关注发音器官在发音过程中的生理特征。传统语音学属于发音语音学的范畴，它通过观察唇、舌在发音时的状态对元音进行分类和描述，通过发音器官某个部位阻碍的性质和部位，对辅音进行分类和描述，并制定出各国通用的国际音标。这些研究成果不仅在学校的语音教科书中得到了应用，也成为各分支学科进行语音研究的基础，具有实用价值。

然而，随着科技的发展和研究方法的改进，今天的发音语音学已经迈入了一个更加深广的领域。现代发音语音学不再局限于传统的分类和描述，而是更加注重言语活动的神经肌肉、生物机械和空气动力的过程，以及与语音特性之间的关系。作为现代语音学的一部分，发音语音学致力于提取与发音相关的物理参数，并阐明这些参数与语音特性之间的联系。例如，声带的发声作用及其与语音的关系是发音语音学的研究重点之一。传统的发音语音学对声带振动的生理和物理特性进行了简单的描述，而现代的发音语音学则更加注重对声带振动的各种参数进行测量，并探究这些参数与语音特性之间的关系。例如，研究者关注不同元音条件声门下的气流压力变化与语音的音强之间的关系。

此外，现代发音语音学还要求对发音器官活动时的声腔进行客观的测量，以求得更加科学准确的数据，从而为人工合成语音提供支持。传统的语音学主要通过描述舌位、唇形等变化来描绘元音，描述发音部位和发音方法来说明辅音，而现代的发音语音学更加强调对发音器官活动的客观测量和参数提取，以期为语音研究提供更加科学、准确的基础。

## （三）感知语音学

感知语音学也称为"听觉语音学"或"心理语音学"，研究的是语音感知阶段的生理和心理特征，即耳朵如何接收声音，大脑如何理解这些声音。作为现代语音学的最新分支学科之一，感知语音学的产生与心理语言学和人工智能研究密切相关。心理语言学主要研究语言习得和使用的心理过程，而在人工智能研究中，为了使计算机能够理解自然语言，必须了解人类通过语音理解意义的方式。因此，感知语音学成为研究者关注的重要领域。

近年来，感知语音学作为一个新兴的边缘学科，展现出广阔而深远的前景。从语音的听辨出发，心理语言学家提出了许多与传统观点不同的新见解。传统观点认为，话语的声音通常被视为线性的时变系统，即大脑神经按照语音序列的先后顺序逐级进行听辨和感知，从音素到音节，然后是词素、词、短语，最终理解整句话。然而，心理语言学家提出了不同的观点，认为在实际语音交流中，由于语速较快，人们很难分辨出单个的音素或音素间的界限。

在感知语音学的研究中，除了关注语音的听辨过程外，还涉及语音的心理处理、认知和理解，这包括大脑对语音输入的加工和解析过程，以及语音信息如何在大脑中被组织、存储和检索的问题。例如，在语音听辨过程中，大脑如何识别和区分不同的语音单位，以及如何将这些语音单位组合成有意义的语言结构等。

感知语音学的研究对于理解语音感知过程、优化语音识别技术及改进人工智能系统的自然语言处理能力具有重要意义。通过深入研究语音感知的生理和心理机制，可以为语音识别技术的发展提供理论支持和实践指导。同时，对语音感知过程的深入了解也有助于揭示人类语言能力的本质和演化规律。

## 二、语言学的微观视角——词汇学

词汇学是一门有关词的科学，词汇的积累在语言学习过程中占据着重要地位，因此一直是很多专家学者的重点研究对象。例如，研究词汇学的专家杰克逊和艾姆维拉在他们合著的《词、意义和词汇》一书中提到：作为语言学的一个分支，词汇学对词汇进行调查研究、描述并予以理论化。由此看来，词汇学是有关"词汇的学问"，即有关词汇的系统知识。

### （一）词汇学的类型划分

#### 1. 依据研究对象划分

依据研究对象的不同，词汇学可分为普通词汇学和个别词汇学，这两者之间形成了相互依存、相互促进的关系。普通词汇学的形成和发展是建立在个别词汇学的基础上的，而普通词汇学的建立又不断指导和促进着个别词汇学的发展。因此，普通词汇学和个别词汇学两者之间存在着紧密的联系与互动。

普通词汇学的研究对象是世界上所有语言的词汇，它主要探讨各种语言中词汇的共同规律和普遍特征。因此，普通词汇学是一门广泛的研究学科，它涉及词和词汇在语言系统中的地位、功能、形态、语义及在语言交际中的应用等方面。在普通词汇学的研究范畴内，学者们致力于发现和总结不同语言中词汇的共性规律，揭示词汇的普遍性特征，从而为语言学理论提供基础和范例。

与之相对应的是个别词汇学，它相对普通词汇学而言，研究范围更加具体和集中，主要关注某一特定语言的词汇系统及其特征。例如，个别词汇学可以专门研究中文、英文或俄文等语言中的词汇现象，包括词汇的构词规律、词义的演变、词汇的语法功能等方面。个别词汇学的研究对象是具体的、个别的词汇实例，通过对这些词汇的深入分析和研究，可以更好地理解特定语言的词汇特点和规律。

普通词汇学和个别词汇学之间的关系密切而复杂。普通词汇学的研究成果为个别词汇学提供了理论指导和方法论基础，为个别词汇学的发展提供了坚实的学术支撑。同时，个别词汇学的研究也为普通词汇学提供了具体案例和实证材料，丰富了普通词汇学的研究内容，使其更加具体和深入。因此，普通词汇学和个别词汇学在词汇学研究中相辅相成，共同推动了词汇学的发展和进步。

## 2. 依据研究范围划分

根据词汇研究范围的大小和内容的广泛性，词汇学可以分为广义词汇学和狭义词汇学两方面，它们在研究对象和内容上存在着明显的差异。

（1）广义词汇学是一个较为宽泛的概念，它涵盖了多个方面的内容，其中包括语义学、词源学和词典学等。语义学是研究词汇的意义和语义关系的学科，它探讨词汇的含义、词义的演变、义项的分类等问题，旨在揭示词汇之间的语义联系和规律。而词源学则关注词汇的来源和演变过程，研究词语的起源、发展及其与文化、历史的关系，通过追溯词汇的渊源，揭示语言演化的历史轨迹。词典学是研究词典的编纂原理、结构和应用的学科，它关注词汇信息的整理、记录和传播，旨在提供准确、全面的词汇资料，为语言学研究和语言应用提供支持。

（2）与广义词汇学相对应的是狭义词汇学，它更加专注于词和词汇的构成、分类和发展规律等方面。狭义词汇学的研究对象主要是词汇的形态、结构和语法功能等，其目的在于深入探讨词汇的内部组成和外部功能，揭示词汇的形成机制和演化趋势。狭义词汇学通常涉及词素学、词法学和词汇语法学等分支学科，它们分别从不同角度研究词汇的结构、变化和使用规律，为词汇研究提供了深入和具体的分析框架。

总体而言，广义词汇学和狭义词汇学在词汇学研究中各有侧重，但又相辅相成，共同构成了词汇学研究的完整体系。广义词汇学着眼于词汇的多个方面，从语义、来源到记录等多个层面展开研究，为深入理解词汇的内涵和外延提供了广阔的视野和丰富的资料；而狭义词汇学则专注于词汇的形态、结构和功能等方面，从内部构造和外部运用入手，揭示词汇的规律和特征，为词汇研究提供了深入而具体的分析。因此，两者相辅相成，共同推动了词汇学领域的发展和进步。

### 3. 依据研究方法划分

根据研究方法的差异，词汇学可分为共时词汇学和历时词汇学，这两种方法代表了对词汇体系的不同研究视角和方式。

（1）共时词汇学着重于对某一特定时期的词汇体系进行静态和描写式的研究。在共时词汇学的框架下，研究者主要关注词汇在某一特定时间点上的组成、分类和功能等方面，这种研究方法注重在特定时刻对词汇现象进行快照式的观察和分析，旨在揭示该时期词汇系统的内在规律和结构特征。共时词汇学的研究对象主要是当代或某一特定历史时期的词汇现象，通过对词汇系统的静态描述，探索词汇之间的关系和规律，从而深入理解当下语言的特点和发展趋势。

（2）与之相对应的是历时词汇学，它强调对词汇的历史发展过程进行动态研究。历时词汇学关注词汇的起源、演变和发展轨迹，追溯词汇的历史变迁和文化背景，从而揭示词汇形成和发展的内在规律和外部影响因素。这种研究方法关注词汇的流变，旨在分析词汇随时间推移而发生的演化过程，探讨词汇的历史背景和文化意义，从而为理解语言发展和演变提供历史视角和深入洞察。

尽管共时词汇学和历时词汇学代表了两种不同的研究方式，但它们之间存在着密切的联系和相互影响。共时词汇学的静态描写为历时词汇学提供了重要的研究基础和参考框架，通过对当代词汇现象的深入剖析，有助于理解词汇发展的趋势和规律；而历时词汇学的历史研究为共时词汇学提供了丰富的文化积淀和历史背景，通过对词汇演变的分析，可以深入理解词的内涵和语言变迁的原因。因此，共时词汇学和历时词汇学在词汇学研究中相辅相成，共同推动了对词汇现象的全面认识和深入理解。

## （二）词汇学的研究意义

### 1. 词汇研究对语言学科的影响

词汇研究对语言学科的影响是多方面而深远的，在本体研究、修辞及语言的应用等领域都有着重要作用。

（1）在本体研究方面，词汇研究有助于深入理解词语的含义、结构和用法，这对于语言学科的发展至关重要。通过对词汇的系统分析和分类，研究者可以探讨词语之间的内在联系和语义关系，从而拓展了对语言本质和功能的认识。此外，词汇研究也为其他语言学科的发展提供了重要基础，例如语法学和语义学等领域。在语法学中，词法分析与词义研究密切相关，而现代语法更加注重句法结构形式分析和语义研究的结合，词汇研究为这一趋势的形成和发展提供了理论支持和实践指导。

（2）在修辞学方面，词汇研究也具有重要意义。修辞学致力于使语言表达更准确、生动，以达到预期的表达效果。词汇作为语言的基本单位之一，在修辞的运用中起着关键作用。例如，在"对偶"辞格中，要求结构相同或基本相同、字数相等、意义上密切联系的两个词组或句子对称排列，这与词语的词性、词义内容有着密切关系。另外，在"谐音双关"中，同音词的运用也是修辞手法的一种，这进一步彰显了词汇对修辞的重要性。

（3）在语言的应用研究领域，词汇更是不可或缺的一部分。例如，在语言规范、语言教学、语言翻译等方面，词汇都扮演着重要的角色。特别是在第二语言教学中，词汇的掌握被认为是学习语言的基础。对于外语初学者，掌握一定量的词汇都是学习语言的首要任务。因此，词汇研究对于语言学科的发展和应用具有重要的指导意义和实践价值。

### 2. 词汇研究对文学创作与鉴赏的影响

词汇研究对文学创作与鉴赏具有深远的影响，因为词汇是文学作品的基本构成要素，直接关系到作家的表达能力和读者的阅读体验。

（1）作家在文学创作中需要通过词汇来准确地表达其想要传达的思想和情感。词汇的选择不仅决定了作品的表面形式，更体现了作家的语言风格和个性特征。通过精准、生动的词汇描述，作家能够创造出鲜活、形象、生动的文学世界，使读者身临其境，感受到作品的魅力。因此，作家必须对词汇的含义、用法和语法结构有深入的了解和准确的把握，才能够在作品中达到理想的表达效果。

（2）词汇研究对文学作品的鉴赏与解读也具有重要意义。读者通过对作品中词汇的理解和分析，可以更好地把握作家的意图和主题，深入解读文学作品的内涵和艺术特色。词汇的选择、搭配和运用方式直接反映了作家的文学风格和审美追求，因此，对词汇的审美价值和意义进行研究，有助于读者更加全面地理解和欣赏文学作品。通过对词汇的深入分析，读者可以发现作品中隐藏的文化内涵、历史背景和社会意义，从而更加深入地理解作品的多重意义和丰富内涵。

3. 词汇研究对社会文化历史研究的影响

词汇研究对社会文化历史研究的影响是深远而多重的，因为语言作为文化的重要组成部分，在社会发展和历史变迁中扮演着不可或缺的角色。

（1）词汇是语言中最基本的单位，它直接反映了社会生活中的各种概念、现象和文化特征。通过对词汇的研究，人们可以窥见不同历史时期社会的发展脉络和文化变迁。例如，通过比较不同时期的词汇使用情况，可以揭示社会的经济、文化等方面的变化和演变。词汇的来源、演变和消失，往往反映了社会生活和文化传承的历史进程，为历史学家提供了宝贵的研究材料和历史依据。

（2）词汇研究可以反映出人们观念的差异和转变，从而揭示社会文化的历史演变。随着社会的发展和文化的变迁，人们对于某些概念、价值观念的认识和理解也会发生变化，这种变化往往会在词汇的使用中得到体现。通过对词义的研究，可以追溯某一概念或观念在不同历史时期的含义和诠释，从而深入了解人们的思想观念和文化认知的演变过程。

（3）词汇研究还可以揭示不同文化间的交流与融合，以及文化传播的历史路径。随着不同文化之间的交流和互动，语言中的词汇往往会发生借用、转化和演变，从而反映出不同文化之间的相互影响和融合。通过对词汇的源流和演变进行研究，可以深入了解文化交流与传播的历史过程，以及不同文化间的相互影响和渗透。

# 第四节　语言交叉学科的微观视角探究

## 一、微观视角下的语言交叉学科——话语语言学

话语语言学作为一种微观视角下的语言交叉学科，将连贯的话语作为研究对象，旨在深入探讨言语单位的结构、功能及交际条件对话语连贯性的影响。连贯的话语被定义为能够在内容和结构上形成一个整体的言谈或文字，它包括口头会话、书面语篇等，是句法层次的最高单位。话语分析作为话语语言学的核心内容，涉及对语言单位的横向和纵向扩展规律的揭示。

第一，话语语法的研究聚焦于连贯性话语的横向线性扩展规律。其中，连贯性话语的"超句统一体"是其主要研究对象，这一概念涵盖了言语单位的节、章、篇等大于句子的单位。话语语法的研究通过分析连贯性话语对"超句统一体"的构建和组织方式，揭示了话语在形成整体性语言结构时的规律性和特征。

第二，话语修辞的研究侧重于连贯性话语的纵向线性扩展规律。在这方面，话语单位的节、章、篇等是研究的主要对象，话语修辞分析通过探讨修辞手段在话语中的运用，揭示了连贯性话语在内容和结构上的纵向发展规律，以及修辞对话语连贯性的影响。

第三，话语语言学的研究基础主要包括话语结构、话语交际功能及话语交际条件的研究。话语结构的分析有助于理解话语单位的组成和构建方式，从而为话语连贯性的研究提供了基础。而话语交际功能的研究则关注于话语在交际过程中的功能和目的，揭示了话语连贯性与交际功能之间的密切关系。话语交际条件的研究探讨了外部环境和内部因素对话语连贯性的影响，为深入理解话语连贯性的形成机制提供了重要线索。

## 二、微观视角下的语言交叉学科——对比语言学

对比语言学作为一门微观视角下的语言交叉学科，旨在研究不同语言之间的异同，以揭示语言的共性和特性，为语言学科的发展提供理论和实践支持。在对比语言学中，对比可以在多个层面进行，涉及语音、语法、词汇、语用等方面，同时也包括对语言的文化、心理、民族等角度的比较研究。

第一，对比语言学着重于深入研究两种语言之间的差异。这种研究有助于我们更好地理解不同语言之间的结构特点和功能差异，为语言的比较分析提供了坚实的基础。在进行对比研究时，必须充分把握语言的共性和各自独特的特点，只有这样才能对语言结构做出合理而具有说服力的解释。通过对两种语言之间的对比分析，我们可以更清晰地认识到语言的多样性和丰富性，进而深入探讨语言背后的文化、历史和社会背景，为语言学研究和语言应用领域提供更为深入的理论基础和实践指导。

第二，对比语言学在句法结构、语法特征等方面进行深入研究。例如，在句法特征上，英语和汉语存在明显的差异。英语注重语法形式和功能，强调句子的结构和语序，而汉语则更加注重句子的主题和话题，句子结构更加灵活。这种对比研究有助于我们深入理解不同语言之间句法结构的异同，为语言教学和翻译提

供了重要的指导。通过比较英语和汉语的句法特征，我们可以更好地把握它们的语法规则和表达方式，有助于学习者更加准确地理解和运用这两种语言。同时，对比研究也为翻译工作提供了有益的参考，帮助译者更好地理解源语言和目标语言之间的差异，从而提高翻译质量和效率。

第三，对比语言学还涉及语言文化的对比研究。通过比较不同语言的文化背景、思维方式等，可以揭示语言与文化之间的密切关系。例如，某些语言在词汇和表达方式上反映了特定文化的价值观和传统，而其他语言则可能更多地反映了不同的文化特征和习惯。这种对比研究有助于我们更深入地理解语言的语境和使用规律，从而更好地应用语言进行交流和表达。特别是在跨文化交流和翻译工作中，了解不同语言背后的文化内涵，可以帮助人们更准确地理解和解释跨文化交流中的信息，避免误解和歧义的产生。

第四，对比语言学对语言的心理特点和民族特点进行比较研究。通过比较不同民族的语言习惯、思维方式等，可以深入理解语言对个体认知和社会文化的影响。例如，某些语言可能强调不同的语言习惯和表达方式，反映了该民族的文化传统和社会价值观；而其他语言可能更加注重语言的形式结构和逻辑推理，反映了不同民族的思维方式和认知特点。这种比较研究有助于我们更全面地认识语言与文化之间的相互作用，进一步探索语言对个体认知和社会文化的塑造作用。在跨文化交流和人类认知研究中，了解不同语言背后的心理特点和民族特点，可以为跨文化交流和人类认知研究提供重要的参考和指导，促进跨文化之间的相互理解和交流。

随着全球化进程的加速，人们之间的语言交流和跨文化交流变得日益频繁。在这种背景下，对比语言学的研究受到了更多的重视。对比语言学的发展不仅有助于不同国家之间语言学科的交流与合作，还为全球化背景下的语言教学和翻译工作提供了理论支持和方法指导。通过对不同语言之间的比较分析，人们可以更好地理解语言的共性和差异，为促进跨文化交流和理解提供了重要的理论基础。因此，对比语言学的发展对于应对全球化带来的语言交流挑战具有重要意义。

## 三、微观视角下的语言交叉学科——演化语言学

演化语言学又称"历时语言学"，指在现代语言学出现之前，大部分语言学者所进行的一种语言的历史性演化的研究，主要研究语言在一定的时间跨度内所经历的种种变化。演化语言学是以达尔文演化论为基础的语言学，涉及生物演化

和社会演化两方面，关注语言的起源与发展这两个根本问题。演化语言学更是一个交叉学科，需要语言学、人类学、生物学、考古学等学科的通力合作。

演化语言学近年在国际学界发展得很好，取得了重要的进展。语言演化和人类演化的关系是当前自然科学和人文科学共同关心的重要问题。演化语言学将语言现象与多学科的理论方法结合起来，是极具前沿性和发展前途的学科。对于演化语言学的新进展，下面从群体涌现与个体涌现两方面来探讨。

## （一）群体涌现

语言的群体涌现指的是人类作为一个整体物种对语言的创造及语言如何在较长时间跨度中演化的情况，这一过程源于我们的祖先以某种方式将各种运动与认知能力结合起来，形成了一种强大的、统一的表征系统，既能用于独立思考，也能用于群体交流。从比喻的角度来看，可以将这个过程视为将语言所需的各种标准组件"整合"在一起，形成了一幅马赛克作品，这种群体涌现的过程很可能起源于早期散布于非洲及欧亚大陆的人类部落进行的共同活动，其起始时间大约可以追溯到十万年前。整个过程可能持续了数千年，经历了无数次的挫折与失败才稳定下来，并最终形成了我们今天所见的各种语言。

在语言的起源问题上，存在着单源发生和多源发生的争议。一种可能的情况是语言的早期形式在许多史前遗址同时出现，即多源发生，而现代语言的祖先则是经过近千年的竞争和混合而形成的结果。

## （二）个体涌现

语言的个体涌现是指儿童在语言习得过程中构造语言的过程。与群体涌现相似，个体涌现也是一个从可能性到具体化的过程，开始时构建基本轮廓，随后通过与环境的持续接触逐渐充实并具体化。尽管这两种涌现过程在早期阶段存在一些相似之处，但它们的关键差别在于儿童立即沉浸在大量的词汇中，而我们的祖先面临着创造这些词汇的挑战。

个体涌现和群体涌现之间的重要区别在于，个体涌现在语言习得过程中有丰富的文化资源和成人做榜样的支持，并受益于人类数千年来的生物演化，这极大地促进了语言的习得过程。儿童习得语言的天赋能力早在幼年阶段就已经启动，包括语言的学习。科学家数十年前就发现，出生几天的婴儿就能够模仿大人的表情，而通过当前镜像神经的研究更进一步提供了这种模仿行为的生物学基础。此外，三个月大的婴儿对押头韵的音节更为关注，表现出他们本能地将音节分解为更小的单位，并选择性地关注音节节首的辅音。在更为抽象的层面上，婴儿能够对听到的语音进行数据统计，并利用这些数据从语流中提取词语。由此可见，个体涌现是一个复杂而多样化的过程，涉及生物学、认知和社会环境等多个方面的综合作用。

# 第三章 认知语言学的理论探索

## 第一节 认知语言学的范畴化理论

所谓"范畴"就是人的思维对客观事物的普遍本质的概括和反映。范畴化是人脑利用符号系统将混杂的世界转化为有序信息的过程，是人类对事物进行分类的心理过程。从认知的角度看，范畴化是所有高级认知活动（如思维、感知、行为和言语等）的基础。范畴化无处不在，人们每时每刻都在进行范畴化，都在使用范畴。范畴化能力是人类最重要的认知能力之一，它在日常生活中起着非常重要的作用。认知语言学与范畴化是紧密相关的，其总的研究策略都可用有关范畴化的问题来概括。认知语言学认为，语言的功能和结构与非语言技能和知识之间存在密切的关系。因此，语言作为人类认知的产物及为人类认知服务的工具，很可能在结构和功能方面反映了较为普遍的认知能力，而其中最重要的认知能力就是范畴化能力，即在不同中见到相似的能力。研究范畴化的过程对于深刻理解语言形式所表达的意义具有重要价值。我们也有足够的理由认为，语言自身的结构范畴在许多方面与非语言世界中的范畴是类似的，即它们之间存在着相似性。

就语言学而言，它在两个层次上与范畴化相关：第一，像其他领域的研究者一样，语言学家也需要用范畴化描写研究的对象。例如，人们发出的声音可以分为语言的声音和非语言的声音；语音单位可以分为元音或辅音，口音或鼻音，塞音或擦音等；词可以分为名词、动词和形容词等；句子可以分为合乎语法的或不合乎语法的句子等。第二，语言学家所研究的对象，如音素、语素、词、短语、句子、语篇等，不但自身构成范畴，而且也代表范畴。例如，语音形式［bed］不但可以表示它是一个词，一个名词，一个由"辅音+元音+辅音"结构构成的音节，而且还表示现实世界中的一套区别特征，并且还把这套特征归于 bed 这一范畴；介词 in 表示实体之间的一种内外关系，介词 on 表示实体之间的接触关系，由此可见，语言学在方法论和本质上与范畴化密切相关。

对认知语言学而言，范畴化的研究具有更深层的含义：认知语言学理论基础的一个重要来源就是对范畴化问题的重新思考，这在很大程度上促成了这门新兴学科的诞生。此外，对于语言学家而言，范畴化是一个非常重要的问题，因为词的用法和语言使用都是以范畴化为基础的。由此可见，认知语言学把范畴和范畴化问题作为自己研究的首要对象就不足为奇了。语言的理解和产生无疑会涉及认知过程，因此，范畴化必然是发生在大脑中的事情，并且由范畴化而来的认知范畴可以被理解为贮存在大脑中的心理概念，这些概念一起组成了"心理词典"。但我们无法直接接近认知现象，因此，有关心理词典中范畴的所有说法只能是假设的。这样的假设只能用哲学、生理学、心理学及语言学等相关学科来研究、验证，而语言行为及其他人类行为则是验证这些假设的重要证据。

## 一、范畴化的经典理论

范畴化的经典理论之所以经典，原因有二：一是它可以溯源到古希腊哲人亚里士多德；二是在 20 世纪的大部分时间，它主宰了心理学、哲学和语言学，特别是自主语言学，如结构主义语言学和生成语言学。亚里士多德是古希腊哲学的集大成者，被称为古代最博学的人物。亚里士多德的范畴化理论在 20 世纪的主流语言学中产生了很大的影响。这一理论先应用于音系学，后来又应用于句法学和语义学的研究中。各种区别特征被用来定义各种语言范畴。例如，在音系学中，可以根据某些区别特征来区分不同的元音和辅音。英语中的元音音素 [i] 就可以用特征描述为 [元音性] [高元音] 和 [前元音]，而 [u] 被描述为 [元音性] [前元音] 和 [后元音]。正是由于范畴化的经典理论在音系学中得到了广泛运用，取得了许多成就，这一理论在句法学和语义学中也受到了青睐。句法学中的词汇范畴，如词的分类；语义学中的语义范畴，如词义可以用语义特征来分析等，都是经典范畴化理论的具体运用。

经典的范畴化理论虽然在语言学中产生过巨大的影响，取得了很大的成就，但仍然存在一些问题。例如，一个范畴内的所有成员是否都必须具备共同的一组充分必要特征，词义能否简化为一套最基本的语言特征的组合，区别一个人的语言知识与非语言知识是否有理可据，人们能否不依赖对世界相关事物的认识而理解一个词的意义（概念范畴）。经典范畴化理论认为特征是事体的客观标志，是固有本质，同一范畴的全部成员具有共同的特征，这些特征具有客观性、二分性、不可分解性、普遍性、抽象性、先天性。经典理论是客观主义心智观的中心，范畴只能通过其成员共同特征来定义，这些共同特征是客观存在的，范畴也是客观存在的，与人的认识无关，这就意味着在宇宙中存在一个超验逻辑，一种与人类心智和经验无关的理性。

经典理论对现实中的某些范畴现象是具有一定解释力的，对结构主义语言学和形式主义研究也起到了很大作用，但是运用其理论来解释更多的自然界现象和社会界现象时，常显得力不从心。由此可见，范畴的经典理论所存在的这些问题都还有待于进一步深入研究。

## 二、范畴化的典型理论

认知语言学认为，语义是一种心理现象和认知结构，它不存在于语言系统内部的聚合与组合关系之中，而是根植于说话人的知识与信仰系统里，必须最终按心理现象来描写。范畴化的典型理论认为，词的意义是不能完全用一组语义特征来说明的，词或概念是以典型（最佳实例的形式）储存在人的头脑中的。人们在理解一个词或概念时，主要就是从典型开始。同属于一个范畴或一个概念的各个成员，其典型性有所不同：有的是典型，处于一个类的中心，我们用它来鉴别其他成员；其他成员则视其与典型的相似程度而处于从典型到最不典型的某个位置上。从模糊学的视角而言，成员与范畴之间的关系不是要么属于，要么不属于的关系，而是个渐进的隶属过程。概念就是由典型和范畴隶属度这两个因素构成的，它们紧密地结合在一起，而典型起着核心作用。典型理论是否成立，关键在于这种典型和范畴隶属度有多大的心理现实性。

范畴化的典型理论对于一个多义词所建立的语义微系统也具有较强的解释力，是以典型成员为中心，通过家族相似性不断向外扩展，词义也具有这样的特点，以中心意义为基础不断扩展形成了一个意义链，构成了一个语义网络。在一个概念网络内部各成员之间的地位并不相等，因此，在一个语义微系统中，各义项的地位也不相等，可见典型理论也可以用来描写由一个多义词所建立的语义微系统。因此，典型理论认为范畴不是建立在共享特征之上的，没有一组特征能够准确界定范畴中的成员，范畴是建立在纵横交错的相似性网络之上，是建立在"属性"之上的；范畴化主要是依靠人类的经验和想象力，一方面是感知、动觉活动、文化，另一方面是隐喻和意象图示，不可能根据抽象的无意义的符号运作而获得范畴意义，只能根据认知模型来定义范畴，而不是共有特征。典型理论认为范畴的边界是不确定的、模糊的，范畴具有开放性，反映了人类具有一定的主观能动性。

# 第二节　认知语言学的概念隐喻理论

概念隐喻理论是认知语言学中的一个重要概念，它强调了人们如何通过将一个概念映射到另一个更为具体、更容易理解的概念上来构建对世界的认知，这种映射过程不仅发生在语言层面，更是深深植根于人类思维的本质之中。以抽象的或理论性的概念为基础，人们倾向于将其与更为具体、感知性的概念联系起来，以便更好地理解和处理复杂的概念。这种映射通常是基于共同的结构、特征或关系，使得人们能够通过已知的、感知性的概念来理解和表达抽象的、难以直接感知的概念。例如，我们经常使用"时间就是金钱"这样的隐喻来理解时间的价值。在这个隐喻中，时间（抽象的概念）被映射到金钱（具体的、易于理解的概念）上，因为金钱是人们普遍认可的一种资源，而我们可以用金钱来衡量时间的价值和利用效率。通过将时间与金钱相联系，我们可以更好地理解时间的紧迫性和珍贵性。

"概念隐喻理论认为，隐喻不仅仅是语言现象和修辞手法，更是一种思维方式。"① 从日常对话到学术讨论，从文学作品到广告宣传，隐喻无处不在，塑造着我们对世界的理解和表达方式。在我们的思维过程中，隐喻同样扮演着重要角色。无论是分析问题、创造性思维还是决策制定，隐喻都能够帮助我们更清晰地理解复杂的概念和情境。此外，隐喻还在我们的日常生活中发挥着重要作用。无论是在审美体验、人际交往还是文化认同中，隐喻都扮演着不可或缺的角色。例如，在文学作品中，作者常常通过隐喻来塑造人物形象、表达情感，从而让作品更具深度和内涵。在广告宣传中，营销人员常常利用隐喻来激发消费者的情感共鸣，从而提升产品的吸引力和竞争力。在政治演讲中，领导者也常常借助隐喻来塑造形象、传递价值观，从而影响公众的认知和行为。

隐喻的作用不仅局限于语言表达的理解和解释，它还深刻地影响着我们的价值观、行为和决策，塑造着我们对自身、社会和环境的认知模型，从而直接影响我们的行为和交流方式。通过对隐喻的理解，我们可以更深入地探讨其在日常生活中的广泛影响。首先，隐喻对于价值观和信念具有重要影响。我们通过隐喻来

---

① 丁阳. 认知语言学中概念隐喻理论的发生与构建［J］. 青年文学家，2017（36）：190.

形成关于哪些是好的、哪些是不好的、哪些是重要的等观念。其次，隐喻对于我们的行为方式具有指导作用。通过隐喻，我们构建了关于行动和行为的认知模型。例如，"生活是一场旅程"这一隐喻将生活描绘成一次旅程，人们在这个旅程中会遇到各种挑战、选择和转折点。这种隐喻激发了人们对冒险、探索和成长的渴望，影响着他们的行动方式和生活态度。同样地，其他隐喻也会在我们的行为中起到引导和激励的作用，影响我们的选择和行动。此外，隐喻还影响着我们的交流方式和沟通效果。隐喻不仅是一种语言现象，它还反映了我们的思维方式和认知结构。因此，在交流和沟通中，我们经常使用隐喻来表达复杂的思想和情感，增强语言的表现力和沟通效果。通过隐喻，我们能够更生动地传达自己的意图和情感，促进交流和理解。

　　隐喻并非孤立存在，而是受到个体所处的社会文化环境的影响。在不同的文化背景下，人们可能形成不同的隐喻系统，因此，隐喻的理解和使用也受到文化因素的制约。首先，不同的文化传统和历史背景会塑造出独特的隐喻体系。文化传统中的故事、寓言、象征等元素，会对人们的隐喻观念产生深远影响。例如，在中国文化中，常常用"天地""山川河海"等自然景物作为隐喻来表达对自然的敬畏和尊重，而在西方文化中，常常用"尖塔""城堡"等建筑物来隐喻权威和权力。这些文化中的特有隐喻不仅反映了人们对世界的认知，也反映了不同文化对于价值观念、信仰体系等方面的差异。其次，语言本身也承载着文化的烙印，影响着隐喻的形成和使用。不同文化背景下的语言可能会拥有不同的隐喻体系和惯用表达方式。此外，社会文化的变迁和演变也会影响隐喻的使用和理解。随着社会的发展和变革，人们的观念和价值观也会发生变化，从而影响隐喻的意义和表达方式。例如，在科技发展日新月异的当代社会，人们可能会用"信息高速公路"来隐喻互联网的快速传播和信息流动，这反映了现代社会对于信息时代的认知和理解。

# 第三节　认知语言学的构式语法理论

　　"构式语法是关于语言知识的一种理论，是认知语言学的一个重要组成部分。"[①] 构式语法以其"构式是形式、意义和功能的结合体""构式的意义独立于

---

① 文旭. 从构式语法到构式语用学［J］. 外国语文，2017，33（5）：51.

构成部分的意义而单独存在"等思想开拓了语言研究的新视角。构式语法理论为语言教学提供了新的理论依据。

# 一、构式语法的理论背景

## （一）描写语言学

描写语言学是构式语法产生的主要理论背景之一。描写语言学具有以下显著的特点。

第一，以口语描写和共时研究为取向。注重口语描写和共时研究是美国描写语言学的优良传统；它跟欧洲传统的语言学研究主要着眼于书面语，以及19世纪的历史比较语言学以历时研究为主的取向有着明显的不同。

第二，注重形式分析，回避意义问题。从经验主义立场出发，描写语言学学派在结构分析中主要依据可以观察到的语言形式，不考虑语言以外的事实。由于忽视意义，他们面对一些同形异构的歧义现象时显得捉襟见肘。

第三，强调验证。描写语言学认为，语言研究必须以话语素材为根据，采用严格规定的步骤对这些素材做形式的分类，而且分析的结果必须经受得起验证。因此，描写语言学被视为"操作主义"和"分类主义"。

第四，分布和替换。描写语言学在结构分析中主要运用分布和替换的研究方法，以便从庞杂纷繁的言语素材中切分出独立的语言单位，并加以区分、归类。

第五，层次分析。描写语言学对句法结构进行层次分析，这是分布和替换的方法在句法研究中的具体运用，并由此发展出直接成分分析法，即把句子或词按层次区分出它的组成部分。

第六，形态音位。形态音位是描写语言学在语法和语音结合的基础上建立的一种语素学。语素是由出现于某个语素变体的一组音位所组成的语音单位。例如，英语名词复数的词尾 ［-s］ ［-z］ ［iz］ 是由不同的音位组成的同一个语素音位。

## （二）框架语义学

框架语义学是从人们理解语言的角度阐释词汇意义的理论，这一理论的核心思想是：人们是在词语所激活的语义框架中理解词语意义的。人们通过对真实场景的反复体验，在大脑中形成了规约性的意象图式，或者形成了认知完型，这就是抽象的语义框架。"框架"就是大脑中的概念结构。理解一个概念结构中的任何一个概念，必须以理解它所适应的整个框架为前提。当这样一个概念框架中的某一个（些）概念被置入一个文本或一次谈话中时，该概念框架中其他所有的概念都自动被激活。

框架语义学虽然是在格语法基础上发展起来的，但与后者存在着明显的不同。格语法属于生成语法，研究说话人如何生成句子，是演绎性的。框架语义学属于认知语言学，研究听话人如何根据概念结构来理解句子当中词汇项的语义内容，为语义结构知识的描写提供指导。基于框架语义学的框架网络，结合演绎与归纳两种方法，构拟了人类经验在大脑中的表征方式。具体而言，框架语义学理论本身是演绎性的，是对词语意义在人的大脑中的组织方式的一种假设。框架网络中的语义框架是对这种假设的具体化，是用来说明框架元素的句法实现方式的理据不是理论推导的结果，而是从原始语料中归纳出来的，使用的是数据库建设的基本方法。

框架语义学是一门专注于词汇语义的理论，其核心观点在于词汇是表达概念与意义单位的基本单位。在语义学领域，结构主义语义学流派则主张通过对词汇之间的语义关系进行对比分析，将词汇划分为同义词、反义词、上义词和下义词等类别。这种研究方法有助于我们更深入地理解词汇在语义结构中的位置和关系，为语言研究和语言应用提供了重要基础。一些词汇语义研究表明，词汇表达的概念不是原子型的，可以分解为一些语义特征。例如，man 这个词的语义可以分解为 [+human]，[+male]。逻辑语义学将概念定义为真值条件，概念运用于现实情境的条件。只有当词汇表达的概念与客观世界情境相对应时，这个词才算有意义。菲尔莫尔的框架语义学研究发现，一些意义相反的词，如 tall 和 short，它们的意义不对称性不能用结构主义语义学的语义特征来解释。另外，一些词汇的意义与这些词汇表达的概念之外的意义有关。基于框架语义学，词汇或一些结构形式所引发的是一个框架，言者用词汇或结构形式作为工具来从事一项具体活动，即引发一个理解；听者听到这些词汇或结构形式后，引发的也是一个框架，去理解所听到的词汇或结构形式。在框架语义学里，一些词汇引发的概念是一个言语行为场景，例如，英语动词过去时形式表达的是与言语行为场景有关的某一点或时间段的事件。

## （三）统一语法

"统一语法"是一种生成语法理论模型，包括"广义短语结构语法""词汇功能语法""中心语驱动短语结构语法"和"范畴统一语法"等。在统一语法模型里，广义短语结构语法是一种描写自然语言的形式语法理论框架，这一理论起始于 20 世纪 80 年代早期，该理论主张，句法只有一个句法结构平面，不设立成分结构的转换机制。句法结构是一种把句法范畴标记到其节点上的树形结构。一个树形结构的子结构的合格性是由直接支配、线性前置等规则决定的。该理论坚持用句法特征来定义句法范畴。句法特征由特征和特征值构成。句法特征之间的相互依存关系由特征共现限制来规定和表述。该理论认为每一个句法结构都跟一个语义解释相匹配。句法规则和语义解释直接合为一体，既互相作用，又互相制约。

除广义短语结构语法外，统一语法模型还包括词汇功能语法理论。该理论的建立基于一套描写自然语言特征的标示原则。该标示原则认为，自然语言有两个组织方案：一个适合于外部结构；一个常用于内部结构，即内容或意义的组织方案。一般来讲，语言的外部结构应当能够为语言的意义或内部结构提供物理支撑；反之，语言内部的意义都是从其外部结构得来的。从语言的内部结构到外部结构的映射应当有一个非常清晰的程序。

标示原则主要包括：第一，变异性原则。不同语言的外部结构具有明显的差异，包括词汇结构和词序。词汇功能语法认为，语言的外部结构是根据成分结构的组织或布局建构的。成分结构包括短语结构和词汇结构，具体指发音、词序、音位和短语结构。第二，普遍性原则。不同语言的内部结构具有普遍性，在许多方面是没有差异的。按照词汇功能语法，语言单位的意义编码是由功能结构建构的。功能结构包括上指、一致、词汇论元结构等。语言单位的意义编码具有跨语言的普适性。第三，透明原则。透明原则是指语言的功能结构与成分结构之间的关系是透明的。按照透明原则，一个句子的透明关系是指：句子的内部结构或功能结构既可以看作是从其外部结构或成分结构中提取出来的，又可以说是保存在外部结构或成分结构里面的。句子的内部结构和外部结构的关系不是派生性的（比较生成语法的管约论思想），而是一种结构上的对应关系。

在统一语法里占有重要地位的另一语法理论是中心语驱动短语结构语法，该理论认为，所有的语言单位都是用特征结构来表征的。这样的特征结构就是索绪尔所说的符号，包含音位、句法和语义特征信息的符号。音位、句法和语义特征值之间的联系决定着音位和语义之间的语法对应关系。语法是以特征结构的形式来表征的，因为特征结构对符号的语言适切性给出了明确的限制。每一个适切的符号必须和语法保持一致。与语法相关的是语法原则，而规则和词项均与语法无关。

## （四）　生成语言学理论

生成语言学理论认为，语法是人脑认知体系的一部分，是人类与生俱来的语言能力的一种模式。这样的模式是在人脑进化中形成的专门掌管语言的机制，这种机制是人类进化的产物，是一种带有普遍性的先天机制，受普遍语法原则的支配和调节。这种模式以模块形式运作，每个模块掌管一定的语法功能，模块与模块之间既相对独立又相互作用。

生成语法把语法看作储存在言者大脑里的语言知识。这种知识由若干主要部分组成。句法理论把语法分成三个部分：短语结构部分（生成一个底层语符列的集合）、转换部分（以各种强制的和非强制的方式作用于语符列，从而引入语义变化）和形态音系部分（将每个句法语符列转变为音系单位组成的语符列）。后来，乔姆斯基的句法理论把短语结构部分改为基础部分，生成句子深层结构的底层标记。基础部分又分为语法的语类部分和词汇部分。除此之外，还有音系部分，为句子表层结构提供语音解释。

生成语法的特点是把语法的任意性和特质性限定在词库里，具有语法结构特征的最大单位是单个的词；词组和句子都是由句法部分及其相应的语义和语音部分的普通规则管辖的。这样，所有句法结构特征都可以由语法部分的普通规则和它们之间的界面来解释，语法分析根本不需要构式。普遍语法是一套稳固的原则体系和有限参数的集合，它简化了语言的具体规则，将其归结为对这些参数值的选择。在普遍语法的框架下，传统的语法结构概念被淡化，取而代之的是更为具体的结构规则。因此，语言使用者不需要深入掌握语言中的复杂构式，只需理解那些决定构式语法正确性的普遍原则，即普遍语法。

虽然构式语法理论是在回应生成语法的一些思想和观点的过程中兴起的，但生成语法理论对构式语法也是有影响的，二者之间存在着一些相通的地方：首先，构式语法和生成语法都坚持将语言看作是一个认知系统，都是从认知角度研究人类语言；其次，构式语法和生成语法都认为，必定有一种方法将一些结构联结起来，组织成新的话语；再次，构式语法和生成语法都认为，语言习得研究需要一种简单明了的理论；最后，生成语法旨在发现人类语言的普遍语法，构式语法秉承认知语言学的思想，其最终目标是对储存在人们大脑里的心智语法做出描写。

## 二、构式语法的特征与原则

第一，复合性。构式语法认为语言构式是集语音、句法与语义于一体的有机整体。语言使用者的语法知识不再被分割，而是以构式的形式统一表征。构式的复合性表现为形式与意义的结合，形式分布在语音、形态和句法等层面，意义分布在语义、语用和话语功能等层面。语言就是由各类复合表达构成的整体系统。

第二，表层概念假设。表层概念假设倡导语言的单层观和使用观。该假说认为语言的表层论元结构蕴含了句法和语义，不存在深层结构，对于语言系统的解释比生成语法的派生结构更具有广泛性。该假说包括四个假设：目标句法论点、目标语义论点、输入句法论点和输入语义论点。

第三，语义语用融合观。构式意义既包含语义信息，也包含焦点、话题、语体风格等语用意义。构式的形式功能包括了"话语功能"与"交际功能"，在构式语法七条准则里重申了"事件状态理解方式的微妙方面"。微妙的语义和语用因素对理解构式所受到的制约是至关重要的。

第四，能产性。构式是人们在生活经验的基础之上提取出来的抽象事件的框架，只需填充新的内容，就可形成全新表达。因此，向既定的图示构式中填充内容，实现了构式的能产性和认知的经济性。经过高频使用和固化后的非典型性用法也能转变为典型性用法而被人们所接受。

第五，微观构式网络与宏观构式网络。微观构式网络指某一构式是包含各类构式义的网络。一个构式可以有多个构式义，有些是中心义，有些是扩展义，构式具有多义性。宏观构式网络指语法系统是构式网络的网络。构式网络的上层为各类笼统的图式构式，图式构式能够激活下层继承构式。继承构式通过隐喻延伸并形成实例，由原型构式义扩展到引申构式义。同样，构式网络也不是均匀分布的，有些构式家族成员紧密，构式层级丰富；有些构式家族成员寥寥无几。

## 第四节　认知语言学的意向图式理论

意象图式的定义有许多不同的表述，但其核心理念是相同的：人类具有自己的身体，每时每刻都处于各种各样的活动之中，如观察周围的环境、走路、用餐、休息、读书等，身体始终处于和外部客观世界的接触和互动之中。意象图式就产生于这些看似无关的活动之中，这样我们就可以用意象图式来理解这些活动，构建意义，进行推理，从而把离散的活动互相联系起来。人们在与客观外界进行互动性体验的过程中获得意象图式，它可根据心理学常讨论的感觉、知觉和表象来解释，这三者的递进关系就表示了人们认识世界初始阶段的一般规律。

感觉是指客观事物的个别属性在大脑中形成的反映，这是认知的最基本形式。我们的感觉源于客观世界，是外界事物个别属性通过感觉器官传递给大脑的结果。知觉则是比感觉更为复杂的认识形式，指当前作用于我们感觉器官的事物的各种属性在头脑中的总体反映，是各种感觉的总和。感觉和知觉都是以当前事物为基础，而表象则指在没有客观事物的情况下留在人们头脑中的印象，是感觉和知觉的心智表征。图式则是指人们把经验和信息加工组织成某种常规性的认知结构，可以较长期地储存于记忆之中。人们通过在现实世界中的互动性体验形成了基本的意象图式，也就形成了认知模型，多个认知模型构成理想化认知模型。认知模型和理想化认知模型主要是意象图式。人类在此基础上进行范畴化，建立范畴；概念对应于范畴，从而获得了概念，同时也获得了意义。意象图式是人们遵循相同的认知过程形成的。意象图式具有以下共同特征。

第一，意象图式是一种高度抽象的模拟。意象图式源于对空间关系的深度抽象，故多数意象图式均可通过线条等简约图形进行展示。然而，须明确的是，这些图形本身并非意象图式本身，而仅仅是对高度抽象的心理经验的一种模拟表达。尽管如此，在诠释过程中，这些图式仍能给予人一种具象化的感知体验。由于意象图式是从无数个事件中高度概括抽象而来的，因此，这样的意象图式也可以和许多语域相联系，这些表达意象图式的简图有助于记忆和该意象图式有关的语言表达。

第二，意象图式属于语域的范畴。语域是认知语言学中的一个重要概念。语域是刻画语义单位特点或描写概念特征的认知语境，绝大多数概念都蕴含其他概念。例如，定义"手指"的时候要提及"手"，定义"手"的时候要提及"胳膊"。因此，"手"是"手指"的语域，"胳膊"是"手"的语域，最终"空间""时间"和"运动"是"身体"的语域。意象图式是一种语域，是语域的一个下层范畴，因此，意象图式可以和语域一样组织概念。

第三，意象图式具有正负参数。几乎所有的意象图式都具有一种特征：在表达隐喻意义时呈现出肯定或否定的意义，称为"正负参数"。例如，在意象图式中心-边缘中，中心往往具有肯定意义，边缘则具有否定意义；在意象图式平衡中，保持平衡含有积极意义，失去平衡含有消极意义。

　　意象图式是人们通过对相似关系的多个个例反复感知体验、不断进行概括而逐步形成的一种抽象的框架结构，是介于感觉与理性之间的一个重要环节，是运用了完形、动觉、意象三种互动方式认识外界事体间关系而获得的一种认知模型，是集聚在一起的知识单元，是构成心智的基本元件，是认知能力的一种表现形式，也是形成句法构造、获得意义的主要方式，是一个抽象的语义原则。人们为了认识事体、理解世界、获得意义、建构知识，就需要多次运用意象图式来对外部世界中事体间的同一关系进行反复对比、分析、抽象，从而形成一个完善的意象图式，并具有相对的稳定性。意象图式作为一种新的认知模型储存于记忆之中，随着认知的发展，可以不断根据新信息来扩充或修正已建立起来的图式，为其后的信息处理提供了基础。

# 第四章　应用语言学及其研究方法

## 第一节　应用语言学的主要内容

### 一、第二语言习得与教育

#### （一）第二语言习得的理论支撑

第二语言习得是在母语习得完成后，学习者在此基础之上对其他任何一种语言的深入学习。这一过程强调在科学、有效的环境中开展外语学习，是提升语言能力的关键。随着第二语言习得研究的深入，其范围已远超最初的限定，涉及学科除语言学外，还拓展至心理学等诸多领域，充分展现了其创新性和广泛的应用前景。对第二语言习得的研究也给了外语学习者以巨大帮助。在英语教学实践中，教师可从现代语言习得这个角度展开英语语言教学，还可从教学理论这个角度进行英语语言教学。不仅如此，第二语言习得理论还从母语角度展开了对英语学习规则与课堂教学方式等的研究，该理论也从这些方面得到了完善。

克拉申在发展第二语言习得理论上做出了巨大贡献：克拉申认为，一方面，教师可让学生从母语习得途径来获得对英语语言的习得；另一方面，教师可让学生从自主学习的途径展开"英语学习"。第二语言习得理论下的英语学习指的是学生以系统性的英语学习实现对英语语言知识的深入掌握。第二语言习得理论中的习得则不同，这里的"习得"主要说的是学生在英语语言学习中所获得的东西，即学生以英语语言在与他者的交流中所获得的认知集合。这种认知集合是学生个体在英语语言学习过程中与外在的语言体系的不断交流中形成的。最终，学生会以富有自身特点的英语语言水平将自身的观点加以阐述。为此，英语教师要从母语和英语的辩证关系出发，将学生的母语语言能力、使用特点、运用方式等发挥出来，从而让学生能快速而高效地提升自己的英语能力。

## 1. 语言输出理论

（1）学生对英语的学习是为了能给自己未来的职业生涯带来帮助，能让自己的工作变得更高效，能有助于展开跨文化、跨语言的交流。在此背景下，学生对英语语言学习过程的输出就变得极为重要。

（2）从语言输出理论的视角来观察，克拉申的第二语言习得理论更为强调学生在英语学习中的"输入-输出"自主性，同时学生也能在英语语言知识的不断内化过程中逐步形成有效的输出，最终获得英语语言的流利交流，实现对自身工作、生活的帮助作用。

（3）学生在进行英语语言学习之后，影响其英语语言输出效果的影响不仅包括英语语言知识的输入与记忆，还包括学生依靠英语语言所展开的互动交流及其他相关实践等。教师在展开英语语言教学时，要尽可能地以语言输出理论为准则展开教学设计、教学实施，这样才能更好地建构出学生的英语语言"输入-输出"机制，获得良好的英语语言学习效果。

## 2. 建构主义理论

建构主义最早由著名学者皮亚杰提出，该思想理论的出现受到了认知加工学说的极大影响。在建构主义漫长的发展过程中，出现了很多流派，早期的有激进建构主义等，进入21世纪后出现了信息加工建构主义等，这些不同的流派在主要的观点上是差不多的，只是在一些细微的地方有一定差异。

（1）建构主义的知识观。在建构主义看来，知识是一种主观性的解释，或者基于客观现象的主观性假设，因此，知识具有动态性。学习者对知识的解读是多元化的，没有铁定的标准，学习者可根据自身的感悟、认知来展开对英语知识和能力的塑造，或者以其他更为个体化的方式展开对英语知识与能力的建构。

（2）建构主义的学生观，主要包括以下两方面。

第一，学生在获得英语知识之前已经拥有了不少知识，而且他们所获得的英语知识并非孤立的，而是一种有着一定关联性的输入与内化。第二语言习得理论影响的英语习得者，他们有着自己不同的特定背景，对英语有着自身独特的看法，并能在此基础之上形成自己的科学合理的推断与假设。

第二，学生在教学中是知识处理的参与者、主导者、转换者，而非单一的知识传递者。教学是围绕学生这个学习的主体来展开的，是按照自身的感悟、经验来实施的，因此，教师在进行教学时应从学生的主体地位展开思考，按照学生知识和能力的欠缺点展开教学，如此才能获得最佳的知识建构。教师应随时了解学生最新的想法和变化，并据此做出教学上的相应调整。

（3）建构主义的学习观。建构主义理论坚信学生的学习必定是发生在特定的社会背景下的，学生可通过协同合作的形式展开学习，建构出富有自身特色的英语知识结构。学生对知识的学习不能依靠英语教师的单一传授，而应依靠学生自主的学习方式，就能逐步建立起符合自己的学习模式及知识体系。

（4）建构主义的教学观，主要包括以下两方面。

第一，学生对知识的学习具有动态性、相对性，教师只是学生英语学习的辅助者、引导者、激励者；学生在教师的悉心指导下不仅获得了知识的增长，以及推理能力、交流能力等的提升，同时还能从所汲取的英语信息资源、学习模式等中获得英语语言分析能力、英语语言鉴别能力、英语语言交流能力等，进而促进自身语言建构能力的全面形成。

第二，建构主义教育理念极为重视学生的主体地位，学生的主体性、创造性在英语语言建构的过程中发挥着极为核心的作用。教师应以创造性的姿态展开英语教学，让学生能自主参与到教学过程中，实现互动性学习，以及对翻转课堂的创造性发展，据此教师就能发展出富有创新性、渗透性、发展性的翻转课堂教学模式。

3. 自主学习理论

（1）自主学习是一种重视发掘和释放学生自我学习潜能的英语语言学习方法。学生的自我期望值与其投入英语语言学习的动力成正比，而动力的增强将直接提升学习的效果。

（2）处于自主学习中的学生个体应能将学习素材、学习工具、教师的引导等要素整合起来，以将主观因素、客观因素融为一体的方式展开英语学习，让自己在自主学习的环境与氛围中不断实现对英语语言的提升。

（3）学生的自主学习形式具有便捷性、可控性的特点。前者指的是学生可采用灵活多变、便捷可行的方式，按照自己的诉求和期望展开英语语言的学习；后者指的是学生学习的规模、节奏、场地等是可以根据自己的需要加以管控、微调的，以达到最佳的学习效果为佳。对处于英语学习中的学生而言，积极主动的学习氛围与环境因素能对其的英语学习起到良好的激励作用。毕竟，积极、正面的英语学习环境，能对学生的英语语言输入产生巨大促进，而且学生在进行英语的输出性操练时，也能获得更为有效的交际性、文化性释放，最终形成效率极高的英语语言学习模式。

（4）处于自主学习模式下的英语教师，并不会刻意主导学生的英语学习进程。教师课堂教学的效果从很大程度上建构在学生自己的学习策略、学习动机等上面，其中，同学之间的协作学习策略、效力等在很大程度上决定了所选择自主学习策略、模式的成败。而教师则要从学习策略等层面展开对学生的引导、监管与建议，以便更好地促进学生的自主性学习。具体而言，教师应从学习方法、责任心、自信心、学习工具等方面展开引导，以便学生能在提升自己的学习责任心和自信心的同时，还能将最管用的学习工具加以高效应用，从而获得最适合学生自己的自治性学习策略或模式，最终实现对英语语言的快速学习及对英语语言能力的稳步提升。

### 4. 混合学习理论

混合学习作为一种新型学习理论，源于网络技术应用于学习模式的深入发展。随着人们对纯技术性教学的需求不断提升，混合学习应运而生，融合了传统课堂学习与网络技术学习的双重优势，二者相互补充，共同促进学习效果的提升。依靠这种学习理论，教师在教学中的主导性能得到很大程度的维持，同时学生的学习主体性也能得到兼顾，教学双方都得到了良好的发展。可见，混合学习理论在本质上就是为了实现对教的目标与学的目标的紧密统合，从组成要素的角度实现教与学的优化、组合。混合学习的这些特点，让其成为业内外关注的热点。实际上，混合学习模式比其他很多教学模式都要高效，受到了很多教师和学生喜欢。混合学习的优点主要体现在以下五方面。

（1）混合学习能够有效提升学生的学习效率，使学生在较短的时间内实现更高效的英语知识吸收。借助网络平台，学生可以灵活安排自己的英语学习进程，实现在线学习的自由化。这种方式不仅为学生提供了更为灵活的学习方式，同时也有助于优化学生的时间管理，从而在客观上增加了有效学习时间。

（2）混合学习能促进教学方式、学习方式的多元化发展。教师可通过混合学习让自己的教学方式变得更为多元化。学生可根据这种学习理论梳理自己的学习情况，然后择取最佳的学习方式。学生学习的场所变得更为随心，既可在传统的教室场合以听课的形式展开学习，也可在其他任何地方以在线形式展开学习，而且学生还可就同样的内容展开重复学习。

（3）混合学习提升了教学主体间的互动机会与交流频率，不仅师生间的交流机会得到增加，而且生生间的互动也变得更为频繁而高效起来。师生间、生生间的交流形式很多，既可采用面对面的交流，又可采用网上论坛等聊天形式进行。

（4）混合学习能将更多的精英教学力量融入进来，拓展第二语言习得理论下的英语教师力量。依靠网络展开教学，能将很多精英人士邀请进来，直接参与英语课堂教学，这些在某个行业、专业具有卓越贡献的专家能够给学生的英语学习带来巨大的帮助，能让学生了解到行业性、专业性的最新变化，从更广泛的范畴提升学生的英语语言能力与领悟能力。

（5）混合学习能从第二语言习得理论的实践角度提升学生对所学知识的反思能力。通过有效的混合学习，学生就可顺利实现对英语知识的建构，并在不断的混合性实践中得到内化。在课后环节，学生可以在线学习形式实现更进一步的反思，并以各类网络平台实现彼此间的互动交流及合作学习，进一步提升对英语知识的掌握。

第二语言习得理论下的翻转课堂实践体现出了鲜明的传统学习形式与网络学习形式相结合的特点。在翻转课堂教学模式下，学生的第二语言习得课前准备活动体现出了极强的自主性，而在课中的学习活动则体现出线上自主学习与线下自主学习的双重混合。依靠翻转课堂的在线自主性学习，无论是教师还是学生，都能将第二语言习得理论所倡导的原则更好地体现出来，并获得良好的教与学的效果。教师在实施第二语言习得理论下的翻转课堂教学时，要深入理解与探索混合学习理论的实质，然后对各类要素加以科学选择与优化组合，达到较佳的教学效果。

5. 情感过滤理论

（1）在语言学习中，学习效果并不是由语言输入这一单一因素决定的。情感过滤理论是组成克拉申第二语言习得理论的重要分支。在该理论的指引下，教师要从确保英语语言学习效果出发展开教学设计，因此，不仅要择取科学合理的方法，还要选择适切的教学素材及相应的情感要素等，这样才能塑造出最佳的教学情境，将学生的学习潜能激发出来，得到较好的学习效果。

（2）情感过滤理论强调的是学生在习得或学习过程中的情感要素，一般而言，教师应将学生积极的情感因素发挥出来，抑制消极的情感因素，这样才能确保学生的英语语言学习潜能得到良好释放。从主体而言，对学生英语语言学习效果起到主要影响的情感因素体现在：①学生个体的情感因素，这类情感因素在学生的英语学习过程中起到了决定性作用；②英语任课教师的情感因素，这类情感在学生的英语学习过程中起到了不可或缺的辅助性作用。就学生的情感因素而言，学生个体的情感要素不仅体现在学习动机这方面的内容上，而且体现在学生个体的自信心等上面。教师应充分调动学生正向的学习动机，降低他们的学习焦虑感，让他们以较高的自信心面对英语学习中的困难，让学生获得较佳的学习效果。就英语任课教师的情感因素而言，其能从侧面对学生的英语学习产生诸多正面作用。英语教师自己应将自己正面的情绪带入课堂教学，抑制那些负面的情绪，以免影响英语课堂教学的效果。在课堂教学的过程中，教师应尽可能将学生学习兴趣激发出来，让每个学生都能积极主动地展开英语语言学习。

### 6. 第二语言习得环境理论

（1）环境因素。在第二语言习得的进程中，环境因素是极为重要的，其对英语语言的习得效果有着重要的影响，而且是一种先在性影响因素。虽然很多研究者认为这种先在性影响对学生的英语能力习得影响不大，但其实这种先在因素在很多时候还是会起到一定的作用。对大多数学生，他们的语言学习先在因素都是差不多的，可见这里的环境论是可以将先在（先天）因素忽略不计的，着重强调的是外部环境对学生英语学习的影响。在实际的研究与学习实践过程中，无论是研究者还是学习者，都可以通过定量分析来探知外部环境对研究对象、学习目标的影响，从而获得更好的实践效果。

一方面，从"行为主义"的视角而言，"刺激-反应"模式能较好地解释学生英语习得中的环境因素。就任何一种语言而言，本身就是在漫长的时间中发展起来的行为体系，外语学习者对一种语言习得过程就是对该语言下行为体系与习惯的获得。对任何一个中国学生而言，英语习得的过程就是对英语语言习惯的不断养成过程。在英语语言新的习惯形成的过程中，母语（一般为汉语）的语言习惯会对英语所具有的新的语言习惯形成干扰。另一方面，很多英语教师在环境论指导下展开教学时，会采用"文化迁移模式"展开教学情境创设，乃至展开其他相关的教学设计，以便不断提高学生的英语学习效率，获得最佳的环境论下的学习效果。

（2）社会距离在第二语言习得中表达的是群体中的个体之间的社会性接触距离，这种距离会因为群体的不同而有很大差异，表现在语言上会以特定的语法规则或其他表达得到呈现。学生在进行英语学习时，其所进入的英语语言场域会将英语社会所具有的社会性接触距离生动反映出来，通过不断学习，学生最终了解了英语社会中的社会性接触距离的实质。就心理距离而言，则是学生在学习英语语言的过程中，以个体的身份对英语语言所具有的新的文化影响下的心理、情感影响，这些心理性影响会对学生的英语语言习得造成必然的"文化迁移"，并在形成英语语言能力的过程一同内化到学生的脑海之中。文化迁移的速度与深度与学生对英语语言习得的水平有关，如果学生对英语习得的熟练程度高，那么英语文化所产生的文化迁移的幅度就大。

（3）英语语言环境对学生习得这种语言起到了决定性的作用。学生是在掌握了母语之后才展开对英语的习得的，这时他们不仅在生理上趋于成熟，在心理上也是颇为成熟的。以目前很多学生的英语学习状态，他们获得英语语言信息的核心渠道还是教师的课堂教学及教科书，总体上，英语语言环境并不丰富，还需要从其他方面展开扩展。只有扩大英语语言学习素材的量，提升学生对英语语言知识内容上的积累，才能快速、高效地提升他们的学习质量。

（4）英语语言环境是非常重要的，不是仅仅提供海量的英语教学素材就能替代的。学生要想获得对英语交流水平的提升，就必须在一定时间内沉浸在英语语言环境内，这样才能尽快地在英语交流能力上得到提高，获得与讲本族语者差不多一样的语言交流能力，这是因为如果学生能在一定时间内充分暴露在英语语言鲜活的语言环境中，他们就几乎能在所有场合沉浸到英语语言环境里，从每个环节感受到英语语言的直接冲击，并不得不展开英语交流下的操练，从而快速提升自己的英语水平。可见，英语语言环境对学生的英语习得起到了巨大的制约作用，从很大程度上影响了学生英语习得成败。

## （二）第二语言习得与教育的研究重点

第二语言习得与教育是语言学习领域一个重要的研究方向，涉及学习者在非母语环境下学习新语言的过程及教育者在教学过程中的教学方法和策略。随着全球化的发展，第二语言习得与教育越发受到重视，因为它不仅帮助个体适应多语言环境，还促进了不同文化之间的相互交流和理解。这一领域的研究涉及许多复杂的认知、社会和心理过程，以及多种教学和学习策略的探索和应用。对第二语言习得与教育的深入研究，有助于更好地理解语言习得的规律和教学的有效性，为语言教育改革和教学实践提供重要的理论支持和指导。

第一，第二语言习得与教育的研究侧重于探究学习者在学习第二语言过程中的认知机制和心理过程。学习第二语言与母语习得存在着诸多差异，包括不同的学习动机、认知策略及语言处理机制。研究者通过对学习者语言习得过程中的注意力、记忆、认知负荷及语言转换等方面的研究，深入探讨第二语言习得的认知机制，为语言教育提供有效的认知指导和教学策略。此外，心理因素也在第二语言习得中扮演着重要角色，学习者的自信心、焦虑情绪和动机水平等心理因素会影响其语言学习的效果和成效。

第二，第二语言习得与教育的研究探讨了不同教学方法和策略对语言学习的影响。教学方法和策略对于学习者习得第二语言的效果至关重要，有效的教学方法和策略能够提高学习者的学习兴趣和学习效果。研究者通过比较不同教学方法的效果、探讨教学策略的有效性及评估教学过程中的教学效果，致力于探寻最优的教学模式和教学策略。例如，一些研究聚焦于比较词汇教学和语法教学的效果，而另一些研究则探索了游戏化教学和情境教学对于学习者语言习得的影响，这些研究为语言教育的改革和教学实践提供了重要的理论依据和指导。

第三，第二语言习得与教育的研究也关注学习者的个体差异和学习特点。学习者的个体差异包括年龄、学习动机、学习策略、学习风格及语言背景等方面。不同年龄段的学习者在语言习得过程中存在着巨大差异，而学习者的学习动机和学习策略也会直接影响他们的语言学习效果和学习成就。因此，教师需要针对学习者的个体差异和学习特点，采用个性化的教学方法和策略，以提高学习者的学习动机和学习效果。同时，教师还需要关注学习者的学习风格和学习偏好，通过多样化的教学手段和教学资源来满足学习者的多样化学习需求。

第四，在第二语言习得与教育的研究中，语言习得的社会文化背景和文化因素亦受到重视。鉴于不同文化背景下语言使用的差异性，学习者在习得新语言的过程中，必须对不同文化背景下的语言习惯和社会风俗有深入的理解和适应。为此，教师须借助文化教育和跨文化交流等手段，协助学习者更好地领悟和适应各种文化背景下的语言环境，进而提升其跨文化交际能力和语言运用水平。

## 二、语言教育与语篇分析

### （一）语言教育

#### 1. 语言教育的重要性

语言教育是一项极其重要的教育任务，它不仅涉及对语言技能的培养，更关乎文化传承、跨文化交流、认知发展及社会融合等。语言教育的重要性主要包含以下四方面。

（1）沟通工具。语言是人类最主要的沟通工具，它不仅是传递信息的工具，更是塑造思维方式和认知结构的关键因素。心理学研究表明，语言能力的发展与认知能力息息相关，婴儿从出生开始通过语言的学习来构建认知框架，这种认知框架在后续学习和思考中起到至关重要的作用。因此，语言教育不仅是教授学生一种特定的语言，更是在帮助他们建立起认知基础，提升逻辑思维能力和问题解决能力。在这个意义上，语言教育被视为塑造个体智力发展的重要途径之一。

（2）文化传承。语言承载着一个民族的文化基因，是文化传承的重要媒介。在全球化的今天，各个国家和地区间的交流日益频繁，而语言正是人们进行文化交流和传承的桥梁。通过语言教育，学习者不仅可以掌握一门语言的表达方式和语法规则，更能够深入了解背后所蕴含的文化内涵和价值观念。例如，通过学习汉语，外国学生能更深入地了解中国传统文化的精髓，而这也有助于促进不同文化之间的相互理解和尊重。因此，语言教育被认为是保护和传承人类多样文化的有效手段，有助于促进不同民族间的文化交流与和谐发展。

（3）经济发展和全球化交往。全球经济持续增长，国际交流不断深化，掌握多语言能力者所展现的竞争优势越发明显。语言不仅是沟通交流的媒介，更是经济合作中不可或缺的纽带。以国际贸易为例，掌握贸易伙伴所用语言，可极大消除沟通障碍，进而促进双方合作与发展。在跨国公司中，具备多语言能力的员工，能更精准地服务不同语言背景的客户群体，有力提升公司在国际市场的竞争力。因此，语言教育在培育国际化人才及推动经济全球化进程中占据重要地位，对国家经济发展具有至关重要的推动作用。

（4）社会融合与和谐发展。语言作为人们交流的工具，是社会交往和互动的基础。通过语言教育，不同语言背景的人们可以更好地沟通交流，减少因语言障碍而产生的误解和矛盾，促进社会和谐与稳定。尤其是在多元文化社会中，语言教育有助于打破族裔隔阂，促进各族群之间的交流与融合，从而建设一个更加包容和谐的社会。

## 2. 语言教育的发展趋势

语言教育作为教育领域不可或缺的一部分，其发展受到社会、经济、文化等多方面因素的影响。随着全球化、数字化和多元化的趋势不断加深，语言教育也在不断发展和演变。

（1）全球化趋势。随着全球化进程的不断推进，各国之间的交流与合作日益密切，语言作为交流的重要工具，其教育也受到了更多的关注和重视。全球化趋势促使人们对多种语言的需求不断增加，各国之间的语言教育交流和合作也日益频繁。在全球化的背景下，语言教育的发展趋势是以多语言教育为特征，即教育机构将更加注重培养学生的多语言能力，使其能够熟练掌握不同语言，具备跨文化交流和合作的能力，以适应全球化的语言环境。

（2）数字化趋势。随着信息技术的飞速发展和互联网的普及应用，数字化技术在语言教育中的应用也越来越广泛。数字化技术为语言教育提供了更加丰富多样的教学资源和教学手段，如网络课程、教学平台、在线学习工具等，大大丰富了语言教育的教学内容和教学方式。在数字化趋势的推动下，语言教育的发展趋势是以数字化教学为特征，即教育机构将更加倾向于采用数字化技术开展语言教学，提供个性化、自主化的学习体验，促进学生的终身学习和职业发展。

（3）多元化趋势。随着社会的不断发展和进步，人们对多元文化和多元语言的认知和需求也日益增加，多元文化社会中的语言教育不仅要关注传统的语言教学，还要注重培养学生的跨文化交际能力和多语言交际能力。在多元化趋势的推动下，语言教育的发展趋势是以多元文化教育为特征，即教育机构将更加注重培养学生的文化意识和跨文化交际能力，促进不同语言和文化之间的相互理解和交流，培养具有国际视野和全球竞争力的人才。

（4）可持续发展趋势。随着人们对可持续发展的日益重视，教育机构开始注重语言教育的可持续发展，即通过提供优质的教学资源和环境，促进学生的全面发展和终身学习。在可持续发展趋势的推动下，语言教育的发展趋势是以可持续教育为特征，即教育机构将更加注重培养学生的学习能力和创新能力，提高其适应社会发展和职业发展的能力，为社会的可持续发展培养更多有用的人才。

## 3. 语言教育的主要特征

语言教育作为一个多元化的教育领域，展现出一系列丰富多彩的特征。这些特征涵盖了教育方法、学习环境等诸多方面，共同构建了语言教育的全貌。对教育从业者而言，深入剖析这些特征有助于更准确地把握语言教育的本质；对学习者而言，理解这些特征则有助于更有效地掌握语言学习的核心要义。因此，对语言教育的特征进行深入研究，对于提升教育质量、促进语言学习具有重要意义。语言教育的主要特征主要包含以下五方面。

（1）多样性特征。不同的语言拥有各自独特的语法结构、表达方式和文化内涵，因此，语言教育必须因地制宜，根据不同的语言特点来制定相应的教育策略。教师需要根据学生的语言背景、学习能力及文化差异来灵活调整教育内容和方法，使得教育过程更加贴近学生的实际需求。此外，针对不同层次和需求的学习者，语言教育也会有所差异，如基础语言教育、专业语言教育及外语教育等，它们在教育内容和目标上存在着差异性，因此需要不同的教育方法和教育资源支持。

（2）实用性特征。语言是一种交流工具，学习者在语言教育中主要是为了更好地与他人进行交流与沟通。因此，语言教育的重点往往是培养学习者的语言实际运用能力，包括口语交流、书面表达、听力理解及阅读能力等。在语言教育中，教师应该注重实际应用，设计各种与实际生活和工作相关的语言学习活动，如讨论会、辩论赛、写作比赛等，以激发学生学习语言的积极性和主动性，从而提高学习效果。

（3）灵活性特征。语言教育不应局限于固定的模式，而应灵活适应学生的学习需求和社会环境的变化。随着时代的进步和科技的发展，教育工作者需要持续更新教育理念，采用创新的教学方法和技术，以满足不断演变的语言学习需求。只有这样，语言教育才能保持其活力和实用性，为学生的全面发展提供有力支持。同时，语言教育也需要充分考虑学生的个体差异性，采用不同的教学方式和评估方式，满足不同学生的学习需求，激发他们的学习兴趣和潜能，从而达到更好的教学效果。

（4）文化性特征。语言是文化的重要组成部分，它承载着丰富的文化内涵和价值观念。因此，语言教育不仅是对语言形式和结构的传授，更应该注重对语言背后文化内涵的传递。教师需要引导学生了解并尊重不同语言背后的文化背景，帮助他们更好地理解和运用语言。在语言教育中融入文化元素，有助于提高学生的跨文化交际能力，培养学生的国际视野和文化意识，促进文化多样性的交流与融合。

（5）互动性特征。语言学习是一个社会性活动，学习者需要通过与他人的交流与互动来提高语言能力。因此，语言教育应该注重创设良好的学习环境，鼓励学生积极参与课堂活动，提倡学生之间的互动与合作。在语言教育中，教师应该采用各种合作学习的方式，如小组讨论、角色扮演、合作项目等，以激发学生的学习热情，促进学生之间的互动与合作，共同提高语言学习的效果。

## 4. 语言教育的不同方法

语言教育方法是教师在教学过程中所采用的具体策略与手段，其核心目的在于协助学习者更高效地掌握语言知识与技能。教育方法的选取，直接关系到学习者的学习成效及学习感受。因此，为了进一步提升语言教育的整体品质，教育工作者有必要深入了解并灵活应用各种语言教育方法。

（1）直接教学法。直接法强调通过语言的实际运用来进行教学，鼓励学习者直接用目标语言进行交流和表达。在这种方法中，教师会尽量避免使用学习者的母语，而是通过举例、演示和实际交流来帮助学习者理解和掌握语言。直接法注重培养学习者的听说能力，强调语言的自然习得过程，有助于提高学习者的语言运用能力和交际能力。然而，由于直接法忽视了语言的系统性和结构性，学习者可能会对语言的规则和语法缺乏深入的理解。

（2）语法-翻译法。语法-翻译法着重于教授语言的语法规则和结构，以及单词的翻译和词汇记忆。在这种方法中，教师通常会通过对语法知识的讲解和范例的示范来帮助学习者理解语言的结构和用法，同时通过翻译练习来加强学习者对语言的掌握。尽管这种方法有助于学习者掌握语言的基本结构和规则，但它往往忽视了语言的实际运用和交流能力的培养，容易使学习者在实际交流中遇到困难。

（3）任务型教学法。任务型教学法强调通过完成各种真实的语言任务来促进学习者的语言学习。在任务型教学中，教师会设计各种与实际生活和工作相关的语言学习任务，如信息搜索、问题解决、报告撰写等，激发学习者的学习兴趣和学习动机。任务型教学法注重学习者的参与和合作，培养学习者的语言运用能力和问题解决能力。然而，任务型教学法在语言知识的系统性和结构性上可能存在一定的不足，需要教师在教学过程中注重语言知识的渗透和应用。

（4）交际教学法。交际教学法是一种较为先进的语言教育方法，它强调通过语言的真实交流来促进学习者的语言学习。在交际法中，教师注重营造各种真实的交际情境，如角色扮演、讨论会、情境模拟等，鼓励学习者积极参与语言交流，提高其语言交际能力和沟通能力。交际法注重语言的功能性和实用性，有助于培养学习者的实际语言运用能力。然而，交际法在语言的准确性和语法的系统性上可能存在一定的局限性，需要教师在教学过程中进行适当的引导和辅导。

## （二）语篇分析

在进行语篇分析时，研究者往往会全面探讨文本的结构、内容、语言特点及语言运用的目的。语篇分析作为一种关键的语言学研究方法，其目的在于协助读者对文本的内涵和表达方式有更深入的理解。语篇分析主要包含以下四方面。

### 1. 语篇结构分析

语篇结构即文本或篇章在组织层面所展现的形式与方式，对文章的逻辑框架及信息传递模式具有决定性影响。在进行语篇分析时，对语篇结构的探讨主要聚焦于文本内部段落、句子及词语的组织架构，以及它们之间所存在的内在关联。通过深入研究语篇结构，读者能够更好地理解作者的观点、意图及信息传递的方式。语篇结构分析主要包含以下三方面。

（1）线性结构。线性结构是指文章呈现的信息按照一定的时间顺序或逻辑顺序进行组织。在线性结构中，信息的表达通常是按照先后顺序、时间顺序或逻辑顺序展开的，使读者能够循序渐进地理解作者的观点和论证过程。例如，在叙事文本中，作者往往按照事件发生的时间顺序来组织故事情节，使读者能够清晰地了解故事的起因、经过和结局。而在说明文本中，作者往往按照事物发展的逻辑顺序来组织论述，使读者能够逐步了解事物的原理、特点和功能。

（2）非线性结构。非线性结构是指文章呈现的信息按照非时间顺序或非逻辑顺序进行组织。在非线性结构中，信息的表达通常是以错综复杂的方式呈现的，使读者需要更多的思考和推理来理解作者的观点和论证过程。例如，在议论文中，作者往往采用反面论证或对比论证的方式来组织论述，使读者能够全面地了解问题的各个方面和不同的观点。而在抒情文本中，作者往往采用意象交错、情感表达的方式来组织叙述，使读者能够深刻地感受到作者的情感和思想。

（3）段落与篇章结构。段落结构是指文章中段落之间的内在联系和过渡方式。在段落结构中，每个段落往往包括主题句、支持句和结论句等，使读者能够清晰地了解每个段落的主旨和论证逻辑。通过合理的段落结构，作者能够更好地组织文章的内容，使读者能够更好地理解作者的观点和论证过程。篇章结构是指文章整体呈现的结构和组织方式。在篇章结构中，文章的开头往往包括导言和引言，使读者能够迅速了解文章的主题和目的。中间部分往往包括正文和论证，使读者能够深入了解作者的观点和论证过程。结尾部分往往包括总结和结论，使读者能够全面地了解文章的主旨和结论。

2. 语言特征分析

语言特征即语言在构造与机能上所展现的专有属性与特质，涵盖了语音、语法、词汇、语用及语境等多重层面。这些特征是语言学研究的核心组成部分，对其进行深入探究，有助于我们更精确地理解语言的结构与功能，进而提升语言的应用与交际能力。语言特征主要包含以下五方面。

（1）语音特征。语音特征是指语言中声音和发音的特点和规律。不同的语言在语音特征上存在着差异，如在音素、音节和音调等方面都有所不同。通过对语音特征的研究，人们可以深入了解语言的发音规律和语音系统，帮助学习者正确地发音和运用语音，从而提高语言的交际能力和沟通效果。例如，在英语中，语音特征包括元音和辅音的发音规律、重音和节奏的掌握；而在汉语中，语音特征包括声调的运用和韵母的变化等。

（2）语法特征。语法特征是指语言中句子和篇章结构的特点和规律。不同的语言在语法特征上存在着差异，例如，在句子结构、词序和语态等方面都有所不同。通过对语法特征的研究，人们可以深入了解语言的句法规则和语法系统，帮助学习者正确地运用语法，从而提高语言的表达能力和交际效果。例如，在英语中，语法特征包括主谓宾结构、时态和语态的使用；而在汉语中，语法特征包括主谓宾的顺序和补语的运用等。

（3）词汇特征。词汇特征是指语言中词汇的特点和规律。不同的语言在词汇特征上存在着差异，在词义、词形和词组等方面都有所不同。通过对词汇特征的研究，人们可以深入了解语言的词汇系统和词汇构成，帮助学习者丰富词汇量和提高词汇运用能力，从而提高语言的表达能力和交际效果。例如，在英语中，词汇特征包括词义的丰富和词性的变化；而在汉语中，词汇特征包括词义的延伸和词组的运用等。

（4）语用特征。语用特征是指语言在交际中的运用和表达方式。不同的语言在语用特征上存在着差异，在语境适应、语用规范和语用效果等方面都有所不同。通过对语用特征的研究，人们可以深入了解语言的交际规则和交际功能，帮助学习者正确地运用语言和提高交际能力，从而提高语言的表达效果和交际效果。例如，在英语中，语用特征包括礼貌用语和语境适应；而在汉语中，语用特征包括含蓄表达和言外之意的理解等。

（5）语境特征。语境特征是指语言在特定环境中的运用和表达方式。不同的语言在语境特征上存在着差异，在社会环境、文化背景和语言环境等方面都有所不同。通过对语境特征的研究，人们可以深入了解语言的应用场景和交际背景，帮助学习者更好地理解语言的内涵和语境，从而提高语言的应用能力和交际能力。例如，在英语中，语境特征包括社交场合和商务环境的语言运用；而在汉语中，语境特征包括家庭生活和工作环境的语言交流等。

3. 话语分析

话语分析是语言学领域的重要分支，致力于对话语在交际过程中的结构、功能及效果进行详尽研究，聚焦于文本的内在组织、语言的特色用法及其所承担的沟通作用。透过对话语的深入剖析，我们能更准确地把握语言交际的核心规律与本质特征。话语分析主要包含以下四方面。

（1）话语结构。话语结构是指话语在表达内容时采用的语言结构和组织方式。通过分析话语结构，可以深入了解话语的组成部分及相互间的内在关系。例如，一个有效的演讲稿往往包括开场白、主体内容和总结等部分，而一段有效的对话往往包括问句、答句和补充说明等部分。通过对话语结构的分析，可以更好地理解话语的逻辑发展轨迹和信息传递方式，帮助读者更好地把握话语的内涵和表达目的。

（2）话语功能。话语功能是指话语在交际中所具有的特定功能和作用。通过分析话语功能，可以深入了解话语的交际目的和交际效果。例如，一个有效的劝说性话语往往包括说服和感染的功能，而一个有效的询问性话语往往包括获取信息和建立关系的功能。通过对话语功能的分析，可以更好地把握话语的交际规则和交际目的，帮助读者更好地理解话语的功能和效果。

（3）话语特征。话语特征是指话语在语言形式和语言风格上所具有的独特特点和特征。通过分析话语特征，可以深入了解话语的语言风格和表达方式。一个有效的口语话语往往包括生动形象和简洁明了的特点，而一个有效的书面话语往往包括严谨逻辑和条理分明的特点。通过对话语特征的分析，人们可以更好地把握话语的语言特点和风格特征，帮助读者更好地理解话语的语言内涵和表达效果。

（4）话语效果。话语效果是指话语在交际中所产生的具体效果和影响。通过分析话语效果，人们可以深入了解话语的交际效果和交际影响。一个有效的感谢话语往往会产生亲近感和友好感，而一个有效的赞美话语往往会产生鼓舞和激励的效果。通过对话语效果的分析，可以更好地把握话语的交际效果和交际影响，帮助读者更好地理解话语的效果和影响。

## 4. 语境分析

语境分析是语言学和语用学中的一个重要研究领域，旨在深入研究语言使用的具体情境和环境对语言表达的影响。语境分析考察的内容包括言语交际的背景、语言使用者的身份特征、交际意图及社会文化因素等，通过对语境的深入研究，可以更好地理解语言表达的含义和效果。语境分析主要包含以下四方面。

（1）社会语境。社会语境指的是言语交际活动所处的社会背景和环境。不同的社会背景和环境对语言的使用和表达方式有着深远的影响，在不同的社会阶层、职业群体和族群之间，语言的表达方式往往会有所不同。通过对社会语境的分析，可以深入了解言语交际活动所处的具体社会环境和社会关系，帮助人们更好地理解语言的含义和效果。例如，在商务交流中，语境分析可以帮助人们更好地理解商业合作的意图和目的；而在政治演讲中，语境分析可以帮助人们更好地理解政策宣传的效果和影响。

（2）文化语境。文化语境指的是言语交际活动所处的文化背景和环境。不同的文化背景和环境对语言的使用和表达方式也有着深远的影响，在不同的文化传统、价值观念和行为习惯之间，语言的表达方式往往会有所不同。通过对文化语境的分析，可以深入了解言语交际活动所处的具体文化背景和文化传统，帮助人们更好地理解语言的含义和效果。例如，在不同文化背景下的交际活动中，语境分析可以帮助人们更好地理解文化差异带来的沟通障碍和交际误解。

（3）话语语境。话语语境指的是具体言语表达所处的具体语境和环境。不同的言语表达所处的具体语境和环境对其含义和效果也有着深远的影响，在不同的语境和语气中，言语的表达方式往往会有所不同。通过对话语语境的分析，人们可以深入了解具体言语表达的背景和目的，帮助人们更好地理解言语的含义和效果。例如，在口语交流中，语境分析可以帮助人们更好地理解语气和语调对交际效果的影响；而在书面语表达中，语境分析可以帮助人们更好地理解文字表达的逻辑和修辞手法。

（4）交际语境。交际语境指的是言语交际活动所处的具体交际场景和环境。不同的交际场景和环境对语言的使用和表达方式也有着深远的影响，在不同的交际环境、交际目的和交际对象之间，语言的表达方式往往会有所不同。通过对交际语境的分析，可以深入了解言语交际活动所处的具体交际背景和交际目的，帮助人们更好地理解语言的含义和效果。例如，在正式场合的交际活动中，语境分析可以帮助人们更好地理解交际礼仪和社交礼节；而在亲密关系中的交际活动中，语境分析可以帮助人们更好地理解情感交流和亲密沟通。

总而言之，语篇分析是一种重要的语言学研究方法，可以帮助读者更好地理解文本的内涵和表达方式，进而提高对文本的理解和解读能力。未来，随着语言学研究的不断深入和发展，语篇分析也将不断创新和完善，为人们提供更多有益的研究成果和理论指导。

# 三、跨文化交际中的语言

在跨文化交际中，语言交际和非语言交际都是十分重要的交际手段。语言是人类沟通交流的关键媒介，鉴于文化背景的多样性，语言所蕴含的文化知识和表达方式必然存在差异。此外，非语言行为同样在交流中占据重要地位，它涵盖了除语言本身之外的所有表现形式，如手势、体态、面部表情等动作手段，以及语音的音高、音长、停顿、语调和语气等副语言手段。甚至，交际参与者的服饰和交际环境等因素也属于非语言行为的范畴。非语言行为有时是独立使用以表达思想含义的，有时则伴随语言使用。

## （一）语言与非语言交际的区别

语言交际与非语言交际的区别主要表现在以下五方面。

第一，语言是后天习得的，非语言交际的手段既有本能，例如，哭笑及一部分表情；也有后天习得的，例如，一些手势、姿势、副语言手段、服饰及对时间和空间的利用等。

第二，语言交际使用特定的符号，而非语言交际却没有一套具有明确意义的符号。英语使用 26 个字母和用字母组成的词，字母和词是表达概念的符号。汉字是汉语的表意符号，同样具有明确的意义。在非语言交际中尽管也有许多类似符号的表意手段，但并不是每个动作在不同文化中都具有同样的意义。在英语教学课堂上，教师应充分考虑到同学们的文化背景，不做一些容易被误解的非语言行为，要尽可能地采用被普遍接受的非语言行为。

第三，从神经生理学的角度而言，在从事语言交际与非语言交际时，使用的大脑"半球"不同，在从事语言交际时大脑的左半球在进行工作，负责处理语言刺激，做信息分析和推理，而非语言刺激如空间的、画面的和完形的信息则是由大脑的右半球处理。在英语课堂上，教师讲授的不仅是语言知识，更是展现一个民族的文化、一个民族的思维方式。一个优秀的英语教师，要对学生开展多种形式的教学，让学生感受到不同形式的刺激，学习语言也是开发智力的过程。

第四，语言交际遵循语法规则，具有严谨的结构；非语言交际却没有正式的规则和模式，没有固定的结构，因此，要正确地理解非语言交际行为往往需要综合分析周围的情况。在课堂教学上，第一节课可以规定一些与学生之间的肢体语言，学生看到教师的这个动作，就知道教师的意思，方便了课堂管理，增加了师生之间的默契度。

第五，语言交际在讲话的时候进行，在停止讲话的时候中断。讲话一般总是时断时续的，因此，语言交际是非连续性的。非语言交际与此不同，它是连续不断的。在课堂上，当教师走进教室，就已经开始了非语言交际，教师的衣着、举止、表情都在向学生传达着信息。

## （二）跨文化交际中的语言交际

语言作为人类交流的核心媒介，与文化之间存在着紧密而不可分割的联系。语言不仅是文化的产物，更是文化的传播者，它以其独特的方式丰富并推动着文化的进步。在跨文化交际中，由于文化的多样性，语言也呈现出多样性。不同的文化背景孕育出不同的语言特色，这些语言特色在交流中扮演着至关重要的角色。文化对语言的特殊语义成分和语言的结构模式都产生重要的影响，因而在不同的文化群体间符号所指与含义能指之间存在一定的差异性。文化决定语言的表达方式，而文化的内涵则需要通过语言的传递表现出来。不同民族的语言是不同民族思维的轨迹，体现了各民族的思维方式。

### 1. 语言交际的主要功能

语言是人们用来传递信息的基础且实用的工具，是人们建立关系的桥梁和纽带。因为语言可以设定交际的目的，表明交际的情感和态度等，语言还是人们进行交际的策略和手段。

（1）语言的识记功能。语言作为人类在长期生活实践中逐渐总结出的意义符号系统，其形态、音韵与意义均具备相当的稳定性。因此，人们得以通过学习来认知、记忆并储存语言，进而在实际应用中输出与运用，从而实现对事物、事件、规则及行为等信息的有效记录、交流与传递。例如，学习汉语词汇"毛笔"，掌握了其读音"máo bǐ"，知道它是一种用来进行文字信息书写记录的工具，并与其具体的实物相联系，完成对"毛笔"的学习认知过程，在以后的任何时候，见到该事物就知道其名称和功能，并随时可以用来传递相关信息。

（2）语言的表意功能。语言具有表述行为、事件、观念、关系及观点表达等多种功能，它在构建社会群体间的社会关系及确立个体在特定群体中的位置和角色方面发挥着至关重要的作用。在交际过程中，交际含义会受到多种因素的影响和制约，因此，语言可以用来表现相互依赖的社会和文化含义，具体包含以下三方面。

第一，表象意义。表象意义是对所指内容进行的陈述性、命题性、概念性、经验性及主旨性描述所产生的意义，它表现的是时空概念、活动过程、交际环境、交际方式及相互关系等，对事物进行定义、分类、归因等。例如，"town university" 和 "campus university"，"town university" 是 "无围墙的开放式大学"，"campus university" 是 "有围墙的校园式大学"。又如，"prime minister" 可以分别译为 "首相" "总理" "国务卿" 等，分别体现不同的政治体制，"首相" 是称君主制国家的政府首脑，而 "总理" 和 "国务卿" 则用于指称 "总统制" "联邦制" 或者 "共和制" 国家的政府首脑。

第二，倾向意义。倾向意义又称情感态度含义，是人们对对话的主旨内容进行关系、情感和评价所做出的位置确认和判断所形成的含义，它主要体现交际者的亲疏关系、社会地位和权势取向等情感态度，如承诺、乞求、威胁、警告、质疑等话语。例如，英语表达 "She is pretty" 和 "She is beautiful" 所表达的情感分别相当于汉语表达 "她的脸长得漂亮" 和 "她长得漂亮"，"She is pretty" 只表现说话者很欣赏 "她" 的外表，"She is beautiful" 则包括 "她" 的外表和气质。

第三，组合意义。组合意义是体现语言单位个体和组合体的构成方式及其使用场合所形成的含义，词与词组、词组与句子之间的结构形式和含义，以及在各种修辞、语用场合下形成的含义。例如：① "There is a taxi at the front door." 和 ② "There is a man at the front door." 两个句子，说话人对听话人说，虽然只有一词之差，其含义却存在差异。例①可能是表示 taxi（出租车）在那里，"是不是来客人了？" 或者 "是不是你叫的？" 而例②可能是表示有个男人在那里，"是不是来找你的？" 或者 "那个人很可疑，是不是小偷？" 等。

（3）语言的审美功能。语言可以按照一定的规律进行灵活组合而产生语音、语义，甚至形态上的美感。例如，英语中的 "Was it I saw?" 就蕴含了 "w-a-s-i-t-i-s-a-w" 的字母回环美。又如，英语句子 "The crowds melted away" 是 "人群慢慢地散开" 的意思，句中的 "melted"（像雪融化一样速度缓慢）就具有含义美。汉语也一样，如 "品" 是由三个 "口" 组成的，是原本可以一口吃（喝）完的东西分三口来完成，是享受其质量内涵的意思，从而也引申出汉语词语 "品味"。又如，汉语句子 "僧敲月下门"，作者贾岛在用字上是经过反复斟酌的，最后选定 "敲"。如果用 "推"，在月夜推门，会让人觉得这个 "僧" 缺乏教养，对其产生行为 "不端" 的嫌疑，这与中国传统的 "儒礼" 相违背，因而，一个字上的斟酌让整个句子富含韵味。

2. 语言交际的局限分析

语言系统是由文化群体内部长期使用而形成的基本固定的声音符号和文字符号所组成的。

（1）结构性局限。语言是一种有声、有形又有义的符号系统，具有区别于其他符号系统的个性特征。语言是由声音和形式组合起来的意群符号，人们既赋予语言声音，又赋予其一定的形式。有声是便于近距离的口头交际，有形即是便于远距离的书面交际。例如，会话时的话语、联系远方亲人和朋友的信函，都是传递信息的媒介。在不同的文化群体之间，语言系统的差别很大，主要表现在以下三方面。

第一，形式相同而读音与含义相异。在同一语系内，形式相同的语言，其读音和含义也有各不相同的。

第二，读音相同而含义与形式相异。例如，汉语中的"狗"与英语中的"go"发音相同，但意义却截然不同，一个是动物名词，一个是动作动词。又如，汉语中"雷"（读"léi"，意思是"由空气膨胀并沿着一定路径发生碰撞而产生闪电并发出强烈的隆隆撞击声的天气现象"）、"累"（读"lèi"，是因劳动或者活动消耗体力而造成的身体疲劳）和"累"（读"lěi"，是指在数量上的叠加），与英语中的 lay（读"lei"，意思是"横躺""摆放""铺设"等）虽然读音相同或者相近，但其意义却相差甚远，形式结构也存在差异。

第三，含义相同而读音与形式相异。语言的表达与理解往往隐含着交际者的情感、态度、目的等，因此，对交际对话的理解往往会因为交际者的理解角度、句读的定位等而存在一定的差异性。

（2）理解性局限。语言是人们赋予一定声音、结构模式和含义的符号系统。在交际过程中，人们遵循一定的规律，将声音和结构进行组合，从而传达特定的意义。语言作为一种约定俗成的意群符号，其含义具有稳定性和延续性，人们可以通过学习和掌握其形式、声音和含义来理解和运用语言。同时，语言也是一种可变的意群符号，它随着社会的发展和变化而不断改进和完善。重要的是，语言并非天生存在，而是在长期的演进中形成的复杂符号系统。

汉字经历了由象形文到方块字体的发展历程，如"旦"字，最初的象形文形式为一个太阳从地平线刚刚升起的样子，这种表示通常是一个圆形的太阳与一条水平线组合在一起，象征太阳在地平线上升起的场景，后来定型为方块字体写作"旦"，词义也随着社会的发展有所变化。例如，英语单词"wife"，在古英语中写作"wif"，其含义与现代英语中"woman"的意思相当，指代的是与男性相对的一类人，而在现代英语中"wife"则是已经结婚成为某个男性的配偶的妇女个体。又如，英语单词"vile"在古英语中是"low birth"的意思，而在现代英语中则是"disgusting"的意思。

### 3. 语言交际的失误与避免

语言的交际含义主要包括字面含义、话语含义、会话含义、说话人的语用含义及听话人的理解含义等。从传统的语言学观点出发，语言是一种由语音、词汇、语法等要素构成的音义相结合的符号系统。由于语言交际符号具有鲜明的民族和地域属性，从而导致语言在词形、读音、表义等方面具有明显的差别性，因此，在交际过程中要特别关注，避免由语言交际符号的差异性导致的交际失误。

（1）语言的语音失误。任何一种语言都有自己独特的语音系统，英语是由元音和辅音拼读而成的，而汉语则是由声母与韵母拼读而成的，外加声调，对语音的把握程度也影响到交际的效果。外国人学汉语时既需要把握好读音，还需要掌握好语调，否则很容易造成交际失误。例如，外国人很容易将"加油〔jiā yóu〕"读成"加肉〔jiā ròu〕"，是对汉语拼音的声母〔y〕和〔r〕把握不准；将"习惯〔xí guàn〕"读成"西瓜〔xī guā〕"等，是对汉语拼音的韵母〔uàn〕和〔uā〕把握不准造成。

（2）语言的语义失误。语言交际的重要特征在于交际双方对词汇含义的共同认知，这是双方有效沟通的基础。然而，词义的内涵和外延常常受到民族文化的深刻影响，体现了特定民族在社会文化背景下形成的独特语义，具备显著的社会特征和情感特征。因此，不同文化背景的人对某一概念的理解与感受并不完全相同，有时甚至相反，这是导致跨文化语言交际障碍的原因之一。词语意义往往会打上民族文化的印记，字面意思相同，而联想意义、搭配意义、社会意义等却常常迥异，或部分相同，或联想意义在各自语言中具有唯一性，主要包含以下三方面。

第一，概念意义相同，而联想意义迥异。例如，"willow"（柳树）是一种非常普通的树，在中国和西方的文化，联想意义是完全不同的。在英美文化中，柳树常与悲伤或失去爱人联系在一起，如"to wear the willow"意指为某人的死而哀悼，"in the willows"或"the green willow"意为因失去心爱的人而悲哀。但在中国文化中，柳树常被赋予分离、思念的联想意义，如《诗经》云："昔我往矣，杨柳依依。今我来思，雨雪霏霏。"中国古诗词中常借柳树来抒发作者的离别思念之情。由此可见，各民族由柳树所产生的联想意义是不同的。

第二，概念意义相同，但联想意义只有部分相同。例如，汉语中的"爷爷"和"外公"与英语中的"grandpa"就具有不同的联想意义。在传统宗族制度影响下的中国，除了亲属关系的意义联想外，"爷爷"是血亲关系的祖辈，社会赋予其的传统道德责任更强；而"外公"是姻亲关系的祖辈，社会赋予其的传统道德责任比"爷爷"要小、要轻。英语中的"grandpa"没有汉语中由血亲和姻亲所产生的强烈的联想意义，而只是一种亲属关系的意义联想。

第三，概念意义相同，但在各自的语言体系中其联想意义具有唯一性。由于地理环境的差异及气候和自然条件的制约，一些动植物在一国非常普遍，使人产生丰富的联想，而在另一国却相对稀少，几乎没有联想意义。例如，在英语中，"oak"（栎树）象征"勇敢顽强"，"palm"（棕榈）象征"胜利"，"daffodil"（水仙）象征"春天"和"欢乐"，产于北美洲的"beaver"（河狸）是"卖力气的人"，这些词在汉语中几乎没有联想意义。与此同时，在汉文化中，牡丹国色天香，象征的是"富贵荣华"；"出淤泥而不染，濯清涟而不妖"的荷花象征的是"清廉正直"，这些词在英语里没有类似的联想意义。

（3）语言的语用失误。在跨文化交际中，语用失误可被划分为"语用语言失误"与"社交语用失误"两大类。这二者构成的连续体呈现出不同程度的失误，仅在连续体的两端才出现明显的差异。

第一，"语用语言失误"。"语用语言失误"是由于母语的干扰而对目的语表达的内涵意义缺乏透彻的理解。例如，当英语初学者听到"Thank you"时，因受母语汉语的习惯性表达"没关系"的干扰而回答说："Never mind."这里所犯的错误属于"语用语言失误"。回答者误以为英语中的"never mind"相当于汉语对"谢谢"的答复"没关系"，是错误的，"never mind"在英语中是赔礼道歉的用语。

第二，"社交语用失误"。"社交语用失误"是缺乏对跨文化交际中语言行为得体性的了解。例如，在听到对方赞扬的话语"Your English is very good"时，人们往往受汉语客套习惯的影响而用"No, no, my English is very poor"来回答，其所犯的错误则属于"社交语用失误"。按照以英语为母语的人的交际习惯，得体的回答一般是"Thank you"，这里是由于回答的人不知道英美人得体表达的标准。"语用语言失误"易于克服，因为它属于可以传授的惯用法；而"社交语用失误"难以克服,因为它不仅涉及语言知识,还涉及个人的价值观。

### (三) 跨文化交际中的非语言交际

1. 非语言交际的主要特征

非语言交际是不通过语言进行的所有交流形式,这涵盖了眼神交流、手势、身体姿态、面部表情、穿着打扮、沉默、身体接触、人际距离、音量控制、时间观念及空间利用等多个方面。这些元素在交际环境中,无论是人为的还是由环境产生的,都可能对传播者和接收者传递潜在的信息和刺激。非语言交际的特征表现在以下六方面。

(1) 多变性特征。非语言交际没有正式的规则和模式,没有固定的结构,需要综合分析周围的情况才能确定非语言交际所表达的意义。因为没有一套具有明确意义的符号,在不同的文化和交际过程中,相同的符号可能表示不同的意义。例如,用拳头打某人,有时表愤怒,有时表激动,有时表悲伤,有时表绝望,有时还可能是表喜爱、亲昵等。由此可见,打人这一动作要根据不同的交际情境来分析,不能简单将其定性为某种意义。

(2) 鲜明性特征。在科学技术高度发达的今天,非语言行为的鲜明性随处可见。例如,在机场、铁道边和高速公路上,用标示鲜明、一见就懂的符号发出各种指令,指挥交通,用清晰的图形标志来代替文字说明,这种方式更为简洁、直观、鲜明,人们理解起来也比较易懂。

(3) 持续性特征。非语言交际是持续不断的,不受时间的线性特征制约。语言的信号是从口里发声而开始,声音结束即结束的;而非语言交际则可以延续到只要某人在周围,交际就不算结束。

(4) 隐含性特征。非语言行为的隐含性在许多场合得以体现。例如,人们在做游戏或交谈时,使眼色或者打手势等都是比较隐蔽的非语言交际行为,这种传递信息的功能是语言行为无法替代的。

(5) 普遍性特征。非语言交际的多种形式可以跨越不同文化而得到认可,它可以超越文化、民族和国家的范围,成为国际社会公认的交际手段,这一特点是语言交际所没有的。不同文化的人们在表达高兴、气愤、害怕、惊奇等时有着共同的面部表情,哪怕体育比赛中裁判的动作都可以不需要翻译而被各个民族的观众理解。

(6) 辅助性特征。非语言行为在交际过程中具有不可忽视的重要性。然而,无论其在交际中所扮演的角色如何显著，其结构如何简洁明了，使用范围如何广泛，非语言行为也始终无法与语言本身相提并论。从本质上讲，非语言交际在交际中扮演的角色更多的是辅助性的，从属于语言交际的地位。

总而言之，当语言和非语言信息相冲突时，非语言交际是更受信任的形式。由于语言交际能够有目的地用来欺骗，所以人们将更多的信任置于非语言的暗示中，非语言行为相对而言更为真实和可信。

## 2. 非语言交际的重要功能

当人们发出或接收信息时，语言和非语言的交际往往在同时进行。在与语言交际的联系中，非语言行为通常具备以下功能。

（1）重复功能。它可以单独起作用，重述交际信息。例如，当给人指路时，在口头指出后，再用手势等指明方向，这就是一种重复。又如，在买包子时，可能会说要两个包子，同时伸出两个手指，表示"两个包子"。此时，非语言信息与语言信息相互重复。在讲授汉语生词和句子意思时，教师用汉语讲过之后，如果学生不能很好理解，可以适当用非语言手段来重复生词或句子，从而达到预期的教学效果。

（2）抵触或否定功能。有时，非语言信息与语言信息不一定相一致，语言传达的并非真正的信息，而非语言行为传达的反而才是真正的信息。例如，有的人口头说"我一点儿也不紧张"，而他的声音及手却都在发抖，这种情况下，人们往往倾向于更相信非语言信息。因此，教师的非语言手段表达的信息应尽量与语言信息保持一致，不然容易误导学生，因为学生在不理解该语言时，可能会依靠非语言信息。

（3）补充或辅助功能。非语言是语言沟通的辅助工具。非语言行为可以对语言行为起到修饰和描述作用，它伴随语言而出现，能使语言表达更准确、更有力。在领读英语生词或纠正学生的发音时，教师可以边读边用手势标调，这样可以借助手势来辅助教学。

（4）强调功能。在信息传递中，强调功能发挥着至关重要的作用。它能够凸显语言信息或其他非语言信息的特殊性与重要性，利用非语言手段使语言内容更为鲜明、突出。值得注意的是，这些非语言手段与语言手段在内容上保持高度一致，共同传达相同的信息。对教育工作者而言，每节课的重点和难点都需要得到适当的强调。然而，单纯依赖语言上的强调有时可能会引发学生的反感或产生畏难情绪。因此，结合非语言手段，更能够有效地促进学生的理解和掌握。这种策略的运用，既符合教育的客观规律，又能够提升教学质量，促进学生的全面发展。

（5）调节功能。在交谈时，人们常常以手势、眼神、头部动作和停顿暗示自己要讲话、已讲完或不让人打断。非语言交际可以帮助调节人际交流时产生的来往信息流，调整对话的节奏。例如，英语国家的人讲话一时想不出恰当的词句但又不打算终止发言时，常会发出一种声音分隔信号"Uh"或"Unh"，同时用手抚摸下巴，表示"正在思考"，不让人打断。又如，在两人对话中，有一方常常以点头、改变语调、拍对方的肩膀等暗示对方继续说下去或住口，从而起到调节两人之间交流的作用。

3. 非语言交际的类别划分

（1）非语言交际的体态语。体态语是用身体动作来表达情感、交流信息、说明意向的沟通手段。包括各种面部表情、人的姿态、手势及其他非语言手段，如皱眉、张嘴、摇头、眨眼等。常见的体态语包含以下四方面。

第一，点头和摇头。汉语一般习惯于用点头来表达"同意"或者"是的""正确的"的意思，而用摇头来表示否定的意思。在日常交谈中，许多人都直接用点头或摇头来表达意义，而不使用语言。点头和摇头就是一种最常见的非语言交际。

第二，身体姿势。身体姿态亦为非语言交际的重要形式。以中华文化为例，伸大拇指用以表达赞扬之情，俯身鞠躬以示敬意，将食指竖立贴近唇部则意在劝人缄默。此等体态语言在日常生活中极为常见，为人际沟通的重要组成部分。

第三，面部表情。面部表情也是一种常见的非语言交际手段。许多人的喜怒哀乐都可以通过面部表情来表现。例如，微笑一般表示高兴，哭泣一般表示悲哀，当然，喜极而泣又是一种例外。

第四，身体接触。例如，拥抱、握手、击掌、摸脸等都是非常实用的非语言交际手段。

（2）非语言交际的时间语。用时间表达出的信息符号称为时间语，它研究的是人们对准时、及时、延时，时间的早、晚、长、短，过去、现在、将来等概念的理解。在沟通的过程中，时间像面部表情或举手投足，是会说话的。人类认知的时间可以划分为：①正式性时间是时间的区分单位，根据太阳与地球的运转关系，人们将时间划分为世纪、年、月、周、日、时、分、秒等计算单位；②技术性时间是非专业或非业内人士很难了解的意义，如回归年、恒星年、近点年与交点年等术语，对一般人而言较为陌生；③非正式时间是人们生活的时间，它来自人们对正式时间的认知，如时光飞逝、岁月如梭、消磨时间等。

（3）非语言交际的空间语。用空间表达出的信息符号称为空间语，它研究的是交流者之间的距离、位置的安排等方面。空间语可归纳为三种：①固定空间就是设定之后，无法再度移动的空间，如学校、办公楼、教学楼等；②半固定空间是那些可以移动，但不常去移动的摆设，如教室、办公室等；③非正式空间是围绕人们身体的空间，无论人们走到哪里，这种空间都会跟到哪里，也就是人们沟通时所占有的空间或距离，通常包括亲密距离、个人距离、社交距离与公共距离四类。

（4）非语言交际的副语言。副语言是在人际沟通过程中，声音、声调或音色的运用与变化，这些变化构成了与语言相伴的声学现象。这些现象包括但不限于哈欠、咳嗽、大笑、哭泣与叫喊等自然发生的声响，以及说话时可能出现的气喘、嗓子沙哑、带有鼻音、字音延长、嗓音压低、说话不连贯等语言外的声音特征。副语言是人类沟通中不可或缺的一部分，对于信息的传递和理解起着重要的作用。

从宏观的角度而言，非语言交际包括非语言活动、非语言行为及非语言途径所涉及的所有因素。非语言交际发生在交际过程中，包括从事交际的双方。换言之，并不是任何一个动作都是非语言交际，而且非语言交际既可以是有意识的，也可以是无意识的。但无论是哪一种，都必须包括潜在的信息，都必须表达一定的意义。

# 第二节　应用语言学的核心领域

## 一、心理语言学

### （一）心理语言学的研究方法

#### 1. 自然观察与科学实验的验证

心理语言学是一门建立在实验基础之上的科学，其所提出的关于语言习得与使用的心理过程的理论，必须经过系统的自然观察或科学实验的严谨验证，方能确定其有效性。

（1）自然观察。有些自然产生的行为（如语言习得和失言）是很难任意操纵的，只好在它出现时进行观察；还有些行为一经操纵，就会受到影响，乃至失真，如在实验室里的电话通话和日常的电话通话显然不会相同。早期的心理语言学研究采用日记的方式记录儿童的语言发展，便是一种自然观察的方法。自然观察的特性主要包含以下四方面。

第一，不干预性。不掺杂观察者的任何主观因素，如实地记录客观现象。但这有时不容易做到，因为语言活动既是心理活动，又是社会活动，所以有的观察又强调观察者参与语言活动。既要参与但又不要干预，就要求观察者灵活掌握。

第二，形式性。这是观察的根本目的，强调从个别的、随机的行为中找出规律性的现象进行分析。

第三，直观性。这是自然观察的优点，直观的东西比臆断的东西要可靠，但是问题在于心理活动不能直观，必须根据表面观察到的行为去推断其心理过程，要推断就难以避免主观性。

第四，持久性。自然观察的过程往往旷日持久，要花很多精力和时间才能发现事物的型式。

（2）科学实验。实验方法是自然科学所采用的方法，这是一种有控制的观察。任何一种行为都是多种因素起作用的结果。为了厘清这些因素的不同作用，往往需要把其他各个因素控制起来，而专门操纵某一因素，使它做系统的改变，从而观察其作用。例如，影响外语教学成败的因素是很多的，涉及教材、教法、教具、教师、学习者等。如果想观察其中的一个因素，如了解学习者的年龄究竟对外语学习有无影响，就要把教材、教法、教具、教师等因素控制起来，使它们稳定不变；对年龄这个因素则应加以操纵，把学习者分为若干不同的年龄组，每组的教材、教法、教具、教师等情况应大致相同，这样，学习成绩的变化就极可能是和学员的年龄有关。

自然观察与科学实验两者互为补充，相互支持。自然观察有助于我们捕捉并理解各种现象，揭示潜在的问题；而科学实验则为我们提供了系统的观察方法，以深入研究这些问题。通过对比和综合分析自然观察与科学实验的结果，我们能够洞察事物的内在本质，发现其运行规律，从而实现由表及里的深入理解。

自然观察与科学实验并不互相排斥。在自然观察里，也需要进行某些控制，如要观察儿童的言语行为，就要讲究时间和场合，最理想的自然观察应该是在自然环境里，在自然的控制下进行。同样，在科学实验里，虽然各种因素是受控制的，也要力图使实验环境符合自然，如儿童在陌生人面前说话比较局促，这种环境就不利于观察儿童言语行为。

### 2. 心理语言学常用的实验方法

为了了解语言使用的心理过程，心理语言学采取了很多实验手段。语言的习得和使用与记忆有很密切的关系，短时记忆是语言加工的工作间，这个工作间容积很小，而且保存的时间很短；长时记忆是语言和其他知识保存的地方，在语言加工时需要从中提取这些知识，而提取也有个快慢的问题，所以，在心理语言学中，常常通过反应的时间来了解语言处理，这些反应时间称为潜伏性数据。心理语言学比较多的研究集中在考察语言的理解过程，采用的方法主要包含以下两方面。

（1）对输入的刺激形式进行控制。在研究词语的感知时，对记录的词语进行不同方式的歪曲，如用其他的声音进行干扰，对某些频率进行过滤，或在句子里切去某些音段，然后要求受试者进行判断、复原，以了解听话人所使用的信息的性质和语境对重建丢失的信息的作用。

（2）使用"实时"或"在线"的方法来观察处理语言的过程，这些方法一般都使用精密计时的测量方法。例如，音素监察实验，测量一个受试者决定显示的刺激形式（词或句子）是否真实所需的时间，也可以测量他们感知一个特定的声音、音素或单词的时间；又如，跟读实验，让受试者戴着耳机重复一段话，了解显示和重复之间的时间；再如，口头报告，又叫作"有声思维"，是一种比较常用的实验手段，要求受试者在完成一件作业的同时或事后报告他在想些什么，有助于了解他的思维过程。

### 3. 心理语言学的计算机模型

近年来，随着在线测量技术在语言处理领域的不断进步，我们得以收集到更多精确的数据。然而，目前所使用的多数模型主要基于定性分析，难以进行准确的定量预测。同时，对于这些模型的完整性和一致性，我们也缺乏科学的评估方法。因此，未来需要在定量预测和模型评估方面进一步研究和探索，以提高语言处理的准确性和可靠性。

随着计算机的普及，人们有可能对时间跨度很长的复杂系统的逻辑和数学关系进行计算机模拟，并把模拟的结果和实验结果加以比较，以验证理论模型。心理语言学的言语模型可以呈现人类语言处理过程的精确度和操作性，而精确的描述往往需要从数学和计算机科学里借用形式化的标记。用信息处理的术语而言，形式化的模型需要规定一系列算法，故称为"计算机模型"。只要有合适的输入和适当的参数设置，计算机模型就可以进行计算，计算的结果应该印证基本理论所做出的预测，如提出一个关于词语或句子的理解模型会导致对该词语的辨认或对该句子的解释。模型还应该能够预测特定实验设计中的错误率和反应时，模型的行为应该和所观察的现实世界或实验条件的行为相似。把模拟的结果和实验数据比较可以引起对理论的进一步修订，而理论的修订本身又能带来模型的完善和更多的实验。

言语模型实际上是对言语行为所提出的理论和假设，对同一种现象可以有不同的模型，这就涉及对模型进行评估的问题。评估模型的适宜性有好几条标准，最明显的标准当然是把实验数据和模拟的结果进行比较。但是这样的比较有时也不见得可行，特别有些实验结果以前已经知道，而建立的模型是为了说明这些结果，这就变成了循环论证。一个更好的模型应该是能够对未检验的条件也能产生预测，用后来的实验数据来证实或推翻预测，所以，模型的建立应该和实验的设计结合起来考虑。

## （二）心理语言学的应用分析

心理语言学作为交叉学科领域的核心构成，致力于发掘语言与心理活动间的深层联系，并系统研究语言如何影响个体的认知、情感及行为模式。它巧妙地融合了语言学、心理学及认知科学等多个学科的理论框架与研究方法，深入剖析语言与心理活动间的相互作用机制，为人类认知与行为的研究提供了坚实的理论基础。心理语言学的具体应用主要包含以下四方面。

### 1. 语言发展研究中的应用

语言发展是指个体从婴儿期到成人期语言能力的逐步形成和发展过程。心理语言学研究语言对个体认知和情感发展的影响机制，有助于深入理解语言发展的内在规律和机制。通过对婴儿期语言习得过程的研究，心理语言学可以揭示语言习得过程中语音、语义和语法等方面的认知发展轨迹，帮助人们更好地理解语言习得的关键时期和发展阶段。此外，通过对语言发展中语音、语义和语法等方面的研究，心理语言学还能够为语言教育和语言训练提供重要的理论支持，促进语言教育的科学化和个性化发展。因此，心理语言学在语言发展研究中的应用不仅有助于深入理解语言习得的内在机制，还为语言教育和语言训练提供了重要的理论指导。

## 2. 情感识别研究中的应用

情感识别是指个体通过语言信息识别他人情感状态的能力。心理语言学通过研究语言在情感表达和情感识别中的作用，有助于深入理解语言与情感之间的内在联系。通过对语言中情感信息的分析，心理语言学可以揭示语言特征与情感状态之间的内在联系，帮助人们更好地理解语言在情感交流和情感识别中的作用机制。此外，通过对不同文化背景下语言情感表达的研究，心理语言学还能够帮助人们更好地理解不同文化背景下情感表达的差异和变化规律。因此，心理语言学在情感识别研究中的应用不仅有助于深入理解语言与情感之间的内在联系，还为情感识别技术的发展提供了重要的理论基础。

## 3. 心理治疗研究中的应用

心理治疗是指通过语言交流和心理辅导等方式帮助个体解决心理问题和调整心理状态的治疗方法。心理语言学通过研究语言对心理健康和心理治疗的影响机制，有助于深入理解语言在心理治疗中的作用机制和效果评估标准。此外，通过对心理治疗过程中语言交流方式的研究，心理语言学还能够为心理治疗技术的改进和优化提供重要的理论支持。因此，心理语言学在心理治疗研究中的应用不仅有助于提高心理治疗的效果和质量，还为心理治疗技术的发展提供了重要的理论指导。

## 4. 社会交往研究中的应用

心理语言学在探讨个体如何在社会生活中通过语言交流与他人进行互动和沟通的过程中，展现了其不可或缺的应用价值。心理语言学的研究，能够深入剖析语言在社会交往中所扮演的角色和机制，进而促进我们对语言在社会交往中所起到的作用方式和交流效果的理解。此外，通过对不同文化背景下语言交流方式的研究，心理语言学还能够帮助人们更好地理解不同文化背景下语言交流的差异和变化规律。因此，心理语言学在社会交往研究中的应用不仅有助于深入理解语言在社会交往中的作用机制，还为跨文化交际和社会交往技巧的提高提供了重要的理论指导。

总而言之，心理语言学在语言发展、情感识别、心理治疗和社会交往等方面具有重要的应用价值，它不仅有助于深入理解语言与心理活动之间的关联，还为相关领域的研究和实践提供了重要的理论指导和实证支持。随着心理语言学研究的不断深入和发展，其在实践中的应用将会得到进一步拓展，为人们更好地理解语言与心理活动之间的内在联系提供更加有力的理论和实证支持。

## 二、神经语言学

### (一) 神经语言学的研究范畴

神经语言学是语言学、神经科学和心理学相互交叉、相互促进而形成的。但它不是三者的简单相加，而是用神经科学的方法研究语言习得、语言掌握、言语交际、言语生成、言语理解的神经机制和心理机制，研究正常言语的神经生理机制和言语障碍的神经病理机制，研究人脑如何接收、存储、加工和提取言语信息。作为一门边缘学科，神经语言学可从两个角度进行研究：一个角度立足于语言理论，根据语言学的研究成果，对言语活动的神经机制提出假设，再用神经科学的方法加以验证；另一个角度立足于临床实践，根据医学和神经科学对言语活动现象的观察材料提出假设，在语言学理论指导下得出实验结论。神经语言学的研究使现代语言学建立在客观观察和实验的基础上，使语言学这门最接近自然科学的社会科学获得了更坚实的自然科学基础。无论从哪个角度研究，神经语言学的研究范畴必定涉及以下两方面。

1. 研究人类大脑构造的语言功能

神经语言学致力于探究人类神经系统与语言、言语之间的内在联系。在神经系统中，大脑与言语之间的联系尤为紧密，因此，言语的神经机制主要依赖脑机制的实现。神经语言学必须充分利用医学和神经科学的研究成果，揭示与人类语言活动相关的大脑功能和机制。研究范畴包括：中枢神经系统的解剖生理（大脑、脑干、小脑、脑的血液供应），脑语言中枢（脑语言中枢的言语功能、各言语区之间的神经联结、大脑皮层下的言语区、言语在脑中的传递），大脑两半球的言语功能差异（言语优势半球的定侧法、两半球言语功能的性别差异、两半球言语功能的协同、两半球言语机制的发育），脑叶和外周神经与言语活动的关系（额叶和言语活动的关系、颞叶和言语活动的关系、枕叶和言语活动的关系），条件反射学说与第二信号系统（非条件反射和条件反射、两个信号系统及其相互关系、第二信号系统与联想）等。

2. 分析人类语言活动的神经机制

神经语言学的主要任务在于深入探究人类语言活动的神经机制。借助对神经系统与语言、言语之间关系的系统研究，我们能够进一步挖掘人类语言和意识的起源，并明确语言与思维之间的紧密联系。在此基础上通过言语过程的神经心理分析，可以发现人们语言习得、语言掌握、言语交际、言语生成、言语理解的神经机制，探索人脑如何接收、存储、加工和提取言语信息。神经语言学在这一内容的研究主要涉及以下五方面。

（1）言语交际的神经机制分析。人们在社会中进行的言语交际活动是宏观言语行为，人脑语言中枢的神经活动是微观言语行为，两者有紧密的联系。由内部言语转变为外部言语，就构成现实的言语交际过程，这个过程各阶段都有特定的神经心理机制，包括言语交际的过程、言语交际的心理条件及探索言语交际神经机制的方法。

（2）言语生成的神经机制分析。人们的言语生成，从最初的表述动机，经过表述的语义初迹和内部言语到外部言语，是一个复杂的神经心理过程。这个过程的每个阶段都与特定的脑部位发生联系，局部脑损伤会导致言语生成在聚合关系和组合关系上的障碍。言语生成过程的主要环节包括言语表述动机和语义初迹的神经机制、内部言语的神经机制和外部言语的神经机制。

（3）言语理解的神经机制分析。人们的言语理解是一个与言语生成相反的神经心理过程，它从感知对方的外部言语，经过一系列过程，获得主要思想，然后理解话语的整个意思。言语理解过程的主要环节包括语音感知和词汇识别的神经机制，确定语法关系与建立语义图式的神经机制，推导内含含义的神经机制。

（4）言语障碍的神经机制分析。言语障碍是指人在口语、书面语、手势语等的表达或理解中发生的异常或出现的缺陷。大脑的损伤往往会引起神经机制的病变，其中不少会导致言语障碍。言语障碍大致可分为：①失语症，即言语表达和言语理解中发生的异常现象，这往往是大脑皮层病变所致；②构音困难，即大脑中生成的内部语言无法转变为有声的外部语言。

（5）有关语言和言语的其他神经机制分析。神经心理活动主要包括：言语调节的神经机制，认读词与书写词的神经机制，对物体命名的学习能力的神经机制，使用不同语言者言语活动的神经机制，言语活动神经机制的个体差异。

神经语言学还研究个体或群体的语言、言语的神经机制。例如，个体发育中的脑语言中枢的状态和变化，不同性别、年龄的个体言语能力差异及其神经基础。又如，研究不同语言的使用者和双语者的神经特点等。神经语言学作为语言学的边缘学科，其研究必然要运用理论语言学的成果。例如，根据音位、词素、词、词组、句子、熟语、聚合关系、组合关系等概念研究它们的生成过程和理解过程的神经机制，研究它们在脑中的静态功能定位和动态联系过程等。

## （二）神经语言学的研究方法

神经语言学源于心理语言学的分化，而在心理语言学的发展历程中，神经科学所提供的方法得到了广泛应用。这些方法的应用，无疑为神经语言学的形成与发展注入了新的动力，从而推动了该领域的迅速发展。当代神经语言学采用的研究方法策略主要包含以下三方面。

### 1. 脑电图描记方法

科学技术的发展使神经语言学有采用新方法的可能性。在一些新方法中，脑电图描记法对神经语言学的研究起了一定的作用。脑电图描记法是把记录电极固定在头皮上，通过颅骨记录脑部的电位变化。电极一般放在各脑区相对应的头皮上，将一对电极之间的电位差变化连续地记录在脑电图记录纸上，这样就能得到各类脑电图波形。不同的脑电图波形往往跟不同的功能状态相联系。脑波形主要依据频率快慢分类，每秒 0.5 至 3 次为 δ 波，4 至 7 次为 θ 波，8 至 13 次为 α 波，14 次以上为 β 波。一般而言，频率与波幅成反比，频率慢的波幅较大，频率快的波幅较小。近年来，由于采用电子计算机辅助分析脑电波，对言语脑机制的研究取得了一些进展。脑电图证实，人脑左半球语言中枢在言语活动时有特殊的电位变化。当被试者重复说出一个词之前，就产生特定的脑波形；当被试者一想到这个词，也会出现同样的特殊波形，这为根据脑波形辨认词语提供了可能性。近年来，神经语言学领域的研究已经从记录一般脑电位的阶段，进一步拓展到记录脑的诱发电位。当人的感觉传入系统受到特定刺激时，中枢神经系统会产生特定的电位变化。这种诱发电位为研究某种功能的神经机制提供了有价值的参考。在神经语言学的研究过程中，研究人员利用词语作为刺激源，诱发大脑的电位反应，并通过分析电位波形来推断词语在大脑中作用的部位及其反应模式。

### 2. 病理学实验方法

研究实际言语过程及其脑机制的两种方法，即发生学实验方法和病理学实验方法，至今仍是神经语言学常用的方法，其中病理学实验方法，即从神经心理学角度分析脑损伤患者的言语状况，对研究言语神经机制更有成效。例如，脑损伤患者的言语结构遭到破坏，脑病变的部位与言语组成部分的破坏有联系，所以，通过脑损伤区域的分析比较就可以了解言语生成过程及其神经心理机制，具体方法是观察患者自发性言语，看他如何提出问题，如何表达请求和愿望；分析患者的对话，看他如何回答问题，如何与别人交谈；研究患者选择语言单位和组织话语过程的障碍，注意话语冗余、重复和错漏现象；观察患者按命题谈话的能力等。通过这些观察和分析，了解患者言语生成的障碍和言语生成过程的神经机制。

### 3. 大脑半球言语功能测试方法

除了脑电波描记方法外，还有测试大脑半球言语功能的方法。例如，把一侧脑半球麻醉，研究另一侧脑半球的言语功能；用速视仪器向人的半侧视野出示词语，研究言语视觉的脑功能；给人的两耳分别提供有声语言信息，研究大脑两半球言语听觉功能；切断大脑两半球之间的胼胝体，研究裂脑人两半球的言语功能；等等。另外，用弱电流刺激大脑皮层也有助于确定言语的功能定位。近年来，科学家采用正电子放射横断面层析 X 射线摄影机，直接观察活人大脑处理语言信息的情况，使神经语言学探索大脑言语机制的手段更趋现代化。

### （三）神经语言学的应用分析

神经语言学作为跨学科研究领域的关键组成部分，专注于揭示语言加工与神经系统之间的紧密联系。通过深入探索语言加工过程中神经机制的内在规律和机制，该领域将神经科学与语言学紧密结合，并运用先进的神经影像学技术和神经生理学方法，细致研究语言加工中神经元活动的变化规律。这些努力旨在深化对语言加工与神经系统间内在联系的理解，从而为相关领域的学术研究和实际应用提供有力支持。神经语言学的应用主要包含以下四方面。

### 1. 语言认知研究中的应用

语言认知是指个体在语言加工过程中通过神经系统对语言信息进行分析和理解的能力。通过运用神经影像学技术和神经生理学方法，神经语言学可以研究不同语言任务中脑区的活动变化，揭示不同语言任务对应的脑区功能定位和脑网络连接模式。因此，神经语言学在语言认知研究中的应用不仅有助于深入理解语言认知的神经机制和脑区活动模式，还为语言认知能力的评估和培养提供了重要的理论指导和实践基础。

### 2. 语言障碍治疗研究中的应用

语言障碍是指个体在语言加工过程中出现的各种语言障碍和语言功能障碍。神经语言学通过研究语言障碍与神经机制的关联，有助于深入理解语言障碍的内在机制和神经基础。通过对不同语言障碍患者神经元活动的研究，神经语言学还能够揭示不同语言障碍类型的神经机制差异和脑区活动模式，为语言障碍治疗的神经机制提供重要的理论支持。因此，神经语言学在语言障碍治疗研究中的应用不仅有助于提高语言障碍治疗的效果和质量，还为语言障碍治疗技术的发展提供了重要的理论指导和实践基础。

### 3. 脑机接口技术研究中的应用

脑机接口技术是指通过神经信号与外部设备的交互，实现人脑与外部设备之间信息传递和控制的技术。神经语言学通过研究语言加工过程中神经元活动的变化规律，有助于深入理解脑机接口技术的内在机制和应用效果。神经语言学在脑机接口技术研究中的应用不仅有助于促进脑机接口技术的发展和应用，还为脑机接口技术在语言交流和语言辅助技术领域的应用提供了重要的理论指导和实践基础。

### 4. 语言康复研究中的应用

语言康复是指通过康复训练和神经再适应等方式帮助语言障碍患者恢复语言功能和语言能力的治疗方法。神经语言学在语言康复研究中的应用不仅有助于提高语言康复治疗的效果和质量，还为语言康复治疗技术的发展提供了重要的理论指导和实践基础。

总而言之，神经语言学在语言认知、语言障碍治疗、脑机接口技术和语言康复等方面具有重要的应用价值，它不仅有助于深入理解语言加工与神经系统之间的关系，还为相关领域的研究和实践提供了重要的理论指导和实证支持。

## 三、人类语言学

人类语言学为一个综合性学术领域，涉及语言的诞生、组织、变迁及其与人类心智、文化的互动关系。此学科作为交叉学科之典范，巧妙融合语言学、心理学、人类学、社会学等诸多学科之理论与方法，致力于深入剖析人类语言之核心特性与功能。人类语言学的研究内容包括语言的起源与发展、语言的结构与形式、语言的认知与运用及语言的社会文化功能等多个方面。

人类语言的起源与人类的进化历程和社会发展密切相关。传统观点认为，人类语言的起源与人类大脑的发展和人类社会的进化有着密切的关系。随着人类大脑的发展和人类社会的进化，人类逐渐发展出了独特的语言能力，从简单的交流方式逐步发展为复杂的语言系统。人类语言的起源可能涉及多种因素，包括人类进化过程中的自然选择、社会交流中的认知需求及文化传承中的符号演化等。通过对人类语言起源的深入研究，人类语言学可以帮助人们更好地理解语言的本质和起源，从而拓展人们对人类语言能力的认识和理解。

人类语言学研究不仅涉及一些重要的人文学科，如语言学、文化学、社会学、心理学、跨文化交际学，还涉及语言的起源与发展、语言的习得、语言的描写、语言的比较、方言学等一些语言学的重要领域。人类语言学的研究突破了纯语言形式研究模式的束缚，将语言置于人类赖以生存的文化环境中加以研究，显著拓宽了语言学研究的空间。人类语言学是一门交叉学科，其与人类学、语言学、文化语言学、社会语言学等有着密切的联系，主要包含以下三方面。

第一，人类语言学与人类学。人类学运用历史的视角来深入探究人类及其文化的各个方面，涉及人类的起源、物质生活、社会结构及心灵反应等多元化领域，致力于从生物和文化两个角度出发，对人类进行全方位、多角度的研究。19世纪之前，"人类学"一词的用法相当于现在的体质人类学，尤其是对人体解剖学和生理学的研究。19世纪中期以后，人类学发展成为主要发掘人类社会原生形态的一门学科。人类语言学与人类学是具有不同的性质但又密切相关的学科。人类学一方面需要以语言为工具进行田野调查，另一方面须将语言作为人类重要的文化形态来研究。人类学从语言学领域获取研究的资料、理论、观点和方法。人类语言学则充分发挥本学科的研究特长，通过研究语言或借助语言学成果，达到深化认识人类文化的目的。

第二，人类语言学与语言学。人类语言学是在语言学的基础上研究人类，其产生和发展都离不开语言学。人类语言学自身并没有一套完整的研究语言的方法，所以研究的很多方面都是以语言学的方法为基础。但从语言研究的角度而言，人类语言学与语言学又有不同。语言学主要研究语言的内部结构，如语音、词汇语法和语言的发展规律等，从而揭示语言事实。人类语言学则是站在另一个角度，将语言学看作一种文化现象，侧重探讨语言对历史、社会、文化、民族等的作用。

第三，人类语言学与社会语言学。社会语言学是运用语言学和社会学等学科理论和方法，从不同的社会科学角度去研究语言的社会本质和差异的一门交叉学科。人类语言学与社会语言学既有紧密的联系，也有区别之处。二者最显著的区别在于研究的侧重点不同，社会语言学主要研究社会人群的语言，将语言的变异与社会特征进行量化研究；人类语言学主要研究的是语言与文化、风俗的关系，倾向于质化的方法深入某个国家和民族文化中客观观察语言在具体文化语境中的使用情况。由此可知，人类语言学与社会语言学在研究范围上有重合之处。

# 四、计算语言学

计算语言学也称为自然语言的计算机处理，专注于探索自然语言在计算机系统中的处理方式。其研究领域主要涵盖两大方面：自然语言的理解和生成。简而言之，计算语言学致力于研究如何使计算机具备自动理解和生成自然语言的能力。自然语言是指日常生活中人们所使用的语言，如汉语、英语、法语、俄语、阿拉伯语等。计算语言学不仅要研究自然语言的书写系统——文字，更要研究自然语言的各级语言单位：音素、音位、语素、词、短语、句子、句群、篇章等组合规则和这些语言单位与语义产生联系的各种规则。

了解和掌握自然语言的特性和规则只是完成了初步的工作，要让计算机能自动理解和产生自然语言，就必须用计算机所能接受的方式来描写和刻画自然语言并把它表示在计算机中。计算机是以数值处理的方式来处理信息的，它以二进制数0和1为基本的操作符号，在此基础上建立起一整套形式化处理的方法来进行运转，因此，要让计算机能够理解和生成自然语言，自然语言的特性和每一条规则必须以形式化的方式表示出来。

自然语言的规则是错综复杂的，而且规则的数量也非常多。有了自然语言各种规则的形式化表示，并不能保证计算机就能够正确有效地理解和产生自然语言，要想让计算机能够正确有效地处理自然语言，还需要研究自然语言规则之间的关系及其处理策略，并且也要用形式化的方式表示出来。

有了以上这些基础，人们才能够选择计算机程序设计语言来设计和编写处理自然语言的软件程序，才能最终实现自然语言计算机处理的目的。以上四个过程可以简单地概括为知识挖掘、形式表示、算法设计、软件编制。知识挖掘和形式表示涉及语言学的众多理论问题，先是语言观问题，然后是语言研究的方法论等问题；而算法设计和软件编制则更多涉及语言处理的实际工程问题。

## （一）计算语言学的研究内容

计算语言学是计算机对自然语言的处理，涉及自然语言的各个方面。由于研究侧重点的不同，计算语言学的研究内容主要包含以下五方面。

第一，计算语音学。在计算机技术的初期阶段，声音的处理并未纳入其考虑范畴。然而，随着音频设备的出现，计算语言学的研究者们开始致力于实现一个目标：让计算机能够模拟人类的发声机制，产生自然流畅的声音，并且能够像人类一样理解并解析语音信息。要让计算机识别与合成人的语音信息，先要深入分析人类语音的声学特征和变化规律，并将其数字化，可以让计算机对其进行计算处理。

第二，计算词汇学。词汇是理解句子的基础，计算机要理解语言要会分析、理解词汇，这正是计算词汇学研究的内容。不同的语言词汇的表现形式可能不同，对汉语而言，组成句子的汉字按照句子来连写，词与词之间不加分隔，不像印欧语那样是按词来连写，词与词之间有空格。所以，汉语的计算词汇学先要处理汉语的分词问题。汉语的自动分词系统中一般都包括一个数量庞大的词表，用于对词进行自动切分的参照。英语的计算词汇学不需要进行自动分词处理，但是英语也有自身的问题，英语词的形态变化，影响计算机对具有不同词缀或词尾的词的同一性识别，因此，对英语进行自动词法分析的系统需要包括一部词干词典和一套描述词形变化和构词的规则系统。分词研究和词的同一性识别只是计算词汇学的初步工作，它更需要研究词义系统在计算机中的表示，还要研究词义在句子中是如何确认的等问题。

第三，计算语法学。要深入理解自然语言句子，语法结构的分析是不可或缺的步骤。计算机在解析句子时，首先需要对句子中的词汇进行识别。当句子被输入时，它仅仅表现为一系列词汇的串联。因此，计算机需要判断一个词汇与其相邻的词汇是否能够按照某种句法规则组合成一个完整的句法结构。计算语法学的不同分析策略通常被称为不同的算法，如自顶向下分析法、自底向上分析法、厄尔利算法、富田胜算法、线图分析法等。不同算法的提出和设计总是在一定句法理论的指导下进行的，从乔姆斯基短语结构语法理论问世以来，针对计算机句法处理的需要，已经出现了近十种语法理论，这些语法理论能否使其句法处理的算法顺利实现，还需要真实的语言材料来验证。

第四，计算语义学。自然语言的形式分析最终总是要落实到语义上，语言形式与语言意义始终是紧密结合的两方面，分析自然语言形式的目的是要理解自然语言的意义。音素、音位、语素、词、词组（短语）、句子、句群、篇章，语言形式从小到大，都以一定的形式与意义产生联系，计算语义学就是要让计算机能够分析不同层级的语言形式如何与语言意义产生联系，从而达到理解自然语言的目的。语言单位如果层级较低（如音位），它与意义产生的联系相对简单，而语言单位如果层级较高（如句子），它与意义产生的联系则相对复杂。要让计算机理解意义，系统需要有一定的资源。例如，词具有多义性，针对句子中的每个词，系统如何判定它表示哪个义项，就需要有一个语义网络系统给予支持，这个系统应该能够描述不同词义的实现环境。

此外，在进行自然语言知识的获取过程中，面对浩瀚的自然语言材料，人们借助计算机强大的计算能力，通过设计机器自动学习模型或者通过建立语料库的方法使计算机获得自然语言的知识，而学习模型本身的设计和语料库的构建有很多需要研究的地方。因此，机器自动学习和语料库语言学也成为计算语言学的分支学科。

第五，机器自动学习。自然语言蕴含丰富的知识，然而在庞大的语料库中，每个知识点的挖掘、获取及形式化表述，均需要人工或专家投入大量的时间和精力。对于某个具体工程的实施，这样的人力和时间恐怕花费不起，因此，需要借助计算机的强大运算能力，根据已有的一些语言知识，设计一个语言分析模型，并对可能产生的错误情况设计出自动纠错和知识获取的系统，在这个语言分析系统运行时，计算机能在出错的过程中逐步获取和积累一些语言处理的专门知识，并能很快地以形式化的方式表述出来，这样可以达到节省人力和时间的目的。机器自动学习可用于专家系统的改进，也可用于语料库的加工标注等方面。

### （二）计算语言学的学科分析

计算语言学是一个交融性学术领域，源自语言学与计算机科学的深度融合。投身于计算语言学研究之人士，其知识体系须兼具深度与广度，既要扎实掌握语言学之精髓，又须精通计算机科学之技术。从事计算语言学研究的人对语言的认识应该有别于传统的从事语言学研究的人员，因为计算语言学的研究目标与传统语言学的研究目标是有很大差异的；同样，从事计算语言学研究的人对计算机的运用也应该有别于其他计算机学科的人对于计算机的运用，因为他们利用计算机来处理的对象完全不同于其他计算机学科的人利用计算机来处理的对象。

#### 1. 计算语言学与传统语言学科的区别

计算语言学是语言学的一个分支，但它跟以往的语言研究有所区别，这是因为计算语言学的研究目标有别于传统意义上的语言学。

（1）计算语言学对自然语言规则的表述都是为了能在计算机上让程序运行，这就必须具有可操作性。要有可操作性就必须说明每一步操作的具体条件，操作都是在特定条件的基础上进行的，没有特定的条件就很难进行有效的操作。例如，在以下的句子中，如何确定"把"的词性，就需要表述判断的条件：①他把桌子擦干净了（这个"把"是介词）；②他把一把椅子搬走了（前一个"把"是介词，后一个"把"是量词）；③这位老中医来给她把一把脉就走了（这两个"把"都是动词）；④他虽然中弹了，但还是紧把着舵不放（这个"把"是动词）。

在以上句子的后面指明句中每个"把"的词性，对人而言是很容易识别的，可是要让计算机识别，就必须说明识别的条件，尤其是例②和例③中的"把"，出现的环境看起来形式相同，但是实际却不同。如果没有明确的条件，那么计算机很可能对它做同样的处理。而传统意义上的语言学在进行语言研究的时候一般只指出语言中的不同现象，至于造成不同现象的条件则较少过问。对以上句子中"把"的不同词性，传统的语言学研究会指出它们有多种词性，并会在每个句子中指明每个"把"的具体词性；可对于计算机处理自然语言而言这是不够的。

（2）计算语言学研究自然语言是着眼于语言的整个系统，对自然语言中的任何一个十分细小而平常的规则都需要加以研究并做形式化表示，因为计算机本身没有任何语言知识，需要人们经过研究并以形式化表示的方法教给它进行自然语言处理所需要的全部知识。从这个目标出发，计算语言学研究自然语言十分讲究系统性描述。系统性描述的理解主要包含以下两方面：

第一，语言现象无论特殊还是一般，都需要进行描述。尽管传统的语言研究具备系统的框架，但在对语言具体规则的描述方面，往往聚焦于某些特殊现象，而对于人们普遍认知的现象，则可能缺乏详尽的阐述。例如，在传统的汉语语法研究中，人们已经用了数百篇的论文来研究"把"字句的构成及句法特性，而对于如何识别一个句子中的"把"是介词、是动词还是量词则很少关注，因为这样的识别对人而言比较容易，但对计算机而言则并不容易。

第二，计算语言学对规则的把握需要从系统出发，需要在对现象做整体把握的前提下，对具体的操作说明条件。像在上面的例子中，如果只考虑例②而不考虑例③，那么可能会得出"'把'的前面如果出现数词'一'，'把'就是量词"这样的结论，这样，例③中的"把"就会被理解错。传统意义上的语言学研究，限于研究手段的制约，存在对现象观察不够全面的问题。

（3）计算语言学挖掘自然语言知识的过程是把语言单位由小到大进行分析的过程，经过分析获得理解，因为计算机对自然语言的理解是要在分析的基础上实现的；而传统意义上的语言学对语言现象的分析往往是在理解的基础上加以分析。因此，两者对自然语言知识的表述会有所不同。

计算语言学以新颖视角切入自然语言研究，深化对自然语言的认知，助力全面把握语言特性，并推动其应用领域拓展。作为语言学的新兴分支，计算语言学充满挑战与机遇。

2. 计算语言学与计算机科学的联系

计算语言学在处理自然语言时，以计算机的硬件和软件条件为基础进行。计算机科学的核心思想和方法对计算语言学处理自然语言的方式产生深远影响。因此，从事计算语言学研究的人员必须深入理解计算机处理语言的机制，并熟悉计算机科学的基本思想，同时尽可能掌握其基本方法。

计算机自从 1946 年诞生以来经历了巨大的变化，世界上第一台计算机是由电子管作为主要元器件，此后计算机的主要元器件变成晶体管、大规模集成电路和超大规模集成电路。20 世纪 70 年代以后，计算机的硬件在中央处理器、内存储器、外存储器等方面有了极大的改进，视频、音频和网络设备都成为计算机的组件，而且不断得到改善。随着计算机硬件的巨大变化，计算机的软件也相应地在变化。最初的程序语言与硬件有着直接的联系，如汇编语言使用起来缺乏友好的人机界面，而后来的程序语言则越来越以面向对象为目标，有了越来越友好的人机界面，如 Visual Basic、Visual C++、Visual J++等。对于从事计算语言学研究的人员而言，并不需要像早期从事计算机科学的研究人员一样去考虑计算机硬件的设计和革新，也不需要去考虑计算机程序设计语言的研发和改进，但是需要了解计算机硬件和软件的工作原理，最好能用计算机程序设计语言进行自然语言处理程序的设计和编写。当然，仅仅做到这一步是远远不够的，计算语言学工作者应该更多地考虑如何从计算机硬件和软件的工作原理出发来有效地进行自然语言的知识挖掘或者获取，并且需要进一步考虑对挖掘和获取的知识进行形式化表述，以便研制适用于计算机的语言处理系统。

自计算机诞生以来，越来越多的学科都用计算机作为工具，使其自身学科的研究进程得以加速推进、使研究的效率得到了加倍的提高。计算语言学同样要用计算机作为研究工具，但是计算语言学还要把自身的研究成果应用于计算机的改进和发展，因为计算语言学的目标是要让计算机能够像人一样具有使用语言的能力。人具有高级智能，而其他动物的智能则十分低下，其关键的区别在于人有语言而其他动物没有语言。所以，计算机最终是否具有人的智能，在多大程度上具有人的智能，很大程度上依赖于计算语言学的研究成果。

计算语言学作为一门学科，其研究基础在于计算机科学。其研究成果不仅在社会生活的各个领域具有广泛的应用价值，同时也能够对计算机本身进行改进和优化。因此，从某种角度看，计算语言学可以被视为当代计算机科学的一个重要分支领域。

### 3. 计算语言学与其他学科的联系

计算语言学是语言学与计算机科学交叉结合的产物，而语言学还跟其他许多学科交叉结合，产生出许多交叉学科，其中有些学科跟计算语言学紧密相关。

（1）语言学与认知科学交叉结合，于是有了人工智能这一学科，各种各样的专家系统是人工智能对人（专家）的智能模型用语言系统构造设计并应用于计算机的结果。专家系统离不开对人的认知特征的研究，也离不开对人的语言知识的提取，更离不开把构造设计的模型应用于计算机这一人工智能的物质载体。因此，计算语言学与人工智能有着十分密切的联系，从某种意义上说，计算语言学也是人工智能的一个分支。

（2）语言学与数学交叉结合，于是有了数理语言学，其中由于采用数学方法的不同，也就有了不同的交叉分支：语言学与统计数学（概率论、数理统计等）交叉结合就有了统计语言学，语言学与离散数学（集合论、数理逻辑、图论等）交叉结合就有了代数语言学。统计语言学和代数语言学从不同的方面为计算语言学提供获取自然语言知识的研究方法和描述自然语言规则的表达形式。统计语言学以经验主义的归纳为特征，以统计数据为归纳基础，从中获取自然语言的规则或知识；代数语言学以理性主义的演绎为特征，以公式推导为表述特征，把已经获取的自然语言的知识以严密的推导形式表述出来。统计语言学的作用体现在计算语言学处理自然语言过程的第一个阶段，而代数语言学的作用则体现在第二个阶段。统计语言学以计算机为使用工具，而代数语言学则以计算机为应用对象，两者都离不开计算机。从某种意义上说，数理语言学是计算语言学的一种工具。从计算语言学的立场出发，可以把数理语言学看作它的一个分支。

（3）语言学与物理学的声学交叉结合，于是有了声学语音学。传统的声学语音学借助一些特殊的声学仪器对人的声音进行研究，目的是要从物理特性上认识人类语音的特征。自从计算机装备了音频处理设备，声学语音学就以计算机为主要研究工具，而且研究重点也转向了计算机对人类语音的自动识别与合成。而这种研究实际上已经成为计算机处理自然语言的一个组成部分，如今声学语音学已经成为计算语言学的一个分支。

## （三）计算语言学的应用领域

计算语言学的实践应用领域十分广泛，凡是涉及计算机处理自然语言的方面都是它的应用领域，主要包含以下五方面。

第一，语音自动识别与语音自动生成。语音识别即通过计算机对人类的语音进行分析、辨识和判断的过程。这一研究领域是随着计算机硬件技术的不断发展而逐渐兴起的。语音识别技术在铁路、航空、饭店等服务业中，可以应用于建立人机对话系统，提高服务效率和质量。此外，语音识别技术还可以实现计算机的语音输入和口语翻译，给人们的日常生活和工作带来便利。利用计算机的数字信号处理技术并根据人的语音特征来产生人类的语音，这就是语音自动合成。语音的自动合成技术可以用于自动话务员系统等方面，目前一些系统已达到实用化。

第二，自动文摘。利用计算机将原文本的主题思想和重要内容自动概要地表述出来，表述的句子可以摘自原文本，也可以用新的句子概括表述，这就是自动文摘。面对网上信息爆炸的现实，自动文摘可以帮助人们更快、更有效地获取所需要的信息。

第三，自然语言理解。让计算机理解和运用人类的自然语言，使得计算机懂得自然语言的含义，并对人给计算机提出的问题通过对话的方式用自然语言进行回答，这方面的研究被称为计算机的自然语言理解，也叫作"人机对话"。自然语言理解系统可以用作专家系统、知识工程、情报检索、办公室自动化的自然语言人机接口等，有很大的实用价值。

第四，术语数据库。利用计算机巨大的存储容量，把海量的科学技术术语和概念存储在计算机中，并且设计相应的查询系统，这就是术语数据库。术语数据库在标准化研制、科学技术文献翻译、图书出版等方面具有实用价值。

第五，计算机辅助教学。按照一定的教学目标和教学方法利用计算机进行课堂教学和辅助课外操练，这就是计算机辅助教学。计算机辅助教学可以用于各种课程的教学，目前可以见到的有数学、工程、医学、商业、外语、哲学、音乐、计算机等课程的辅助教学系统。此外，计算语言学的应用领域还涉及电子词典、汉字的自动识别、文献的自动分类等。

# 第三节　应用语言学的研究方法及建议

## 一、应用语言学的研究方法

### （一）应用语言学的理论性研究方法

研究方法对于最终的研究结果有决定性影响，所以，不管是哪个领域的研究都把研究方法放在一个非常重要的地位，应用语言学的研究工作同样如此。理论性研究的目的是发展理论或者印证理论，并非解决实际问题。二语习得理论研究工作的热点问题一直是母语在中介语发展进程中发挥的作用。随着人们思想认知水平的提高，对于母语价值的认识越来越接近本质，不再将母语迁移作为二语学习难度大及中介语应用错误的唯一根源，也不再否认母语影响的切实存在性，而是把迁移过程看作受学习者心理类别、语言结构标记性、中介语发展规律等因素制约的二语习得的一个过程。

### （二）应用语言学的实用性研究方法

实用性研究方法，通常被从事外语教学的实践教师及教材编写人员所采纳。此种方法的核心目标在于深入探索并应对课堂教学及学习过程中出现的具体问题。其实践导向的特点使其能够为实际教学活动提供切实有效的指导，进而协助语言学习者克服语言学习与研究过程中遇到的各种挑战。例如，在研究现代化教育手段对应二语习得影响程度及怎样更好地利用现代教学手段开展语言教学的过程中，就需要运用实用性研究方法。在这一过程中，要依靠诸多实践者的实践调查研究，在持续解决实际问题的过程中归纳出相应的结论，以便为后续的教学实践提供可靠的实践经验指导与经验参考。

### （三）应用语言学的实证性研究方法

实证性研究方法是通过针对研究对象展开大量的观察活动、实验活动与调查分析活动，从个别到一般总结出事物的本质属性与发展规律的研究方法。实证性研究是一种科学化的研究范式，产生的根源是自然科学研究。法国的诸多哲学家，例如，孔德、圣西门等提倡把自然科学与实践经济应用于社会现象研究工作中，倡导将经验作为切入点，有效运用程序化、操作化、定量分析方法提高社会现象研究的精细化水平，增加研究的准确度。孔德出版的《实证哲学教程》正式拉开实证主义运动序幕。实证主义一直推崇的基本准则是科学结论的普遍性与客观性，指出知识需要立足于观察与实验这样的经验事实基础之上。

### （四）应用语言学的文献研究方法

长期以来，人类对归纳总结的经验及知识利用多样化的手段进行记录，这些手段有图形、文字、符号、音视频等。记录下来的内容实际上就是所谓的文献。文献研究方法是通过查阅、剖析、整理文献找到事物本质属性的研究方法。在确定相应的研究课题之后，在开端部分总是要查找一定的文献资料，然后对各类文献展开对比分析，研究事物内在关联及内在规律性。文献研究方法也可以当作单独的研究方法，利用文献资料的研究获得对事物及现象的正确认识。文献综述是针对某个专题收集诸多情报资料之后，展开综合分析并撰写得到的学术论文。虽然很多文献资料已然不属于最新内容，但是通过对这些文献资料的总结和深刻洞察，有助于为新的观点与理论的产生提供参考和指导，给未来的相关话题研究带来有价值的建议。

## 二、应用语言学的研究建议

第一，提高对研究方法的科学认知水平。"应用语言学的研究作为语言教学的理论基础，越来越多地受到人们的关注。"[1] 合格的研究者应该深刻认识到，对于应用语言学研究方法的应用并不存在好坏之分。实证法的应用目的是解决实际的研究问题，量化法、质化法、混合法等研究方法，各自拥有其对应的研究范式、研究方法、研究路径，彼此之间不是对立关系。应该解决研究方法应用不均衡的问题，应该对各种不同研究方法的优缺点进行分析、总结，对过去研究方法应用不均衡导致的不良后果总结经验、吸取教训，以便在后续的研究方法创新应用过程中拥有参考依据。

第二，有效提高研究深度。虽然应用语言学研究方法已经从最开始的萌芽阶段发展到兴盛阶段，但是研究深度有限的问题仍然普遍存在。所以，接下来的研究重点应该是提高研究深度，注重深层次的数据挖掘，明确不管是理论研究还是实证分析，都应该提高研究的精准度，保持严谨、科学的态度，认识不同研究方

---

[1] 武晓琴.应用语言学与语言教学［J］.新教育时代电子杂志（教师版），2017（40）：225.

法的优缺点。面对研究当中不够科学的问题，研究人员应该积极立足个人专业发展，秉持科学研究精神，加强研究方法应用的科学性。同时，研究人员不仅要有个人研究专长，还应该对差异化的研究方法进行不断学习和补充，增加方法应用的多元性。

第三，学校依托科学研究方面的独特资源优势，开设研究方法培训课程，对于提升研究人员的研究能力和水平具有重要意义。通过这样的培训，研究人员可以更加深入地掌握各种研究方法，更加准确地运用它们来解决实际问题，为推动科学研究的进步和发展做出更大的贡献。

第四，学术期刊通过发挥监管作用，确保了研究论文的质量，为学术研究的健康发展提供了有力的保障。在未来，学术期刊应该继续加强审稿、编辑和校对等环节的工作，提高论文的质量和水平，为学术研究的进步和发展做出更大的贡献。同时，学术期刊还应该积极应对新技术、新方法带来的挑战，不断创新和完善自身的监管机制，以适应学术研究的快速发展和变化。

总而言之，应用语言学的当前发展趋势很显著，研究成果非常突出，逐渐成为一门独立的学科。应用语言学是一门典型的实用性学科，担当着服务社会的重要职责，所以，应该运用更加科学合理的研究方法，从多个角度剖析应用语言学，发现当前研究中存在的实际问题，提出相应的意见，并且对未来发展前景进行展望。这样不仅有助于培养更多应用语言学研究人才，还可以带动该学科理论及实践层面上的全面创新，带动应用语言学可持续发展。

# 第五章 语言学的哲学思想源流

## 第一节 古希腊时期的语言哲学思想

### 一、柏拉图的语言哲学思想

柏拉图，古希腊哲学巨匠，其思想对于西方哲学乃至整个人类文明产生了深远的影响。在他的众多哲学理念中，语言哲学思想占据着重要的地位。

第一，语言的本质与功能。语言是人类认识世界和表达思想的重要工具。语言是灵魂与物质世界之间的桥梁，是人类理解和把握真理的媒介。通过语言，人类可以将内心的思想、情感和观念传达给他人，实现思想的交流和共享。同时，语言也是人类认识世界的重要途径。通过语言，人类可以描述和解释世界的各种现象，形成对世界的认知和理解。然而，柏拉图也认识到语言的局限性。语言虽然能够表达思想，但往往无法完全准确地表达思想的本质和内涵。语言的词汇和语法结构都是有限的，而人类的思想和情感却是无限丰富和复杂的。因此，语言在表达思想时往往会产生歧义和误解，使得人们难以完全理解他人的真实意图。

第二，语言与真理的关系。柏拉图的语言哲学思想中，一个核心问题就是语言与真理的关系。语言虽然是人类认识世界和表达思想的重要工具，但并非真理本身。真理是独立于语言而存在的，是人类通过理性思考和直觉洞察所把握的永恒不变的本质。语言只是真理的一种表现形式，是人们对真理的理解和描述的尝试。真正的知识是对真理的直接把握，而语言只是对真理的一种间接表达。因此，在追求真理的过程中，应该超越语言的束缚，通过直观和理性的方式来把握真理的本质，这也正是柏拉图哲学中强调的"洞穴寓言"所表达的思想，人们应该努力摆脱物质的束缚，通过理性的思考来洞察真理的本质。

第三，语言的理想形式。存在一个理想的、完美的语言形式，能够完全准确地表达思想的本质和内涵，这种理想的语言形式超越了现实语言的局限，具有普遍性和永恒性，它不仅能够准确传达思想，还能够引导人们追求真理和智慧。然而，柏拉图也意识到这种理想的语言形式在现实中是不存在的。现实语言总是受到历史、文化和社会背景的影响，无法完全摆脱主观性和相对性。因此，人类应该努力追求这种理想的语言形式，通过不断修正和完善现实语言，使其更接近于理想状态。

第四，语言哲学思想的影响与意义。柏拉图的语言哲学思想对后世产生了深远的影响。一方面，他的思想启发了后人对语言本质和功能的深入探讨，为语言学、语言哲学等学科的发展奠定了基础；另一方面，他的语言哲学思想也深刻影响了西方哲学的发展，尤其是在认识论和语言哲学领域。在认识论方面，柏拉图的语言哲学思想强调了理性思考和直觉洞察在认识真理过程中的重要性。真正的知识是对真理的直接把握，而语言只是对真理的一种间接表达，这一观点对后世的哲学家产生了深远的影响，推动了理性主义和直觉主义等认识论流派的发展。在语言哲学方面，柏拉图的思想为后世的哲学家提供了独特的视角和思考框架。他关于语言本质、功能与真理关系的论述，为语言哲学的发展提供了重要的思想资源。同时，理想语言形式概念也为后世的语言学研究提供了新的思路和方向。

第五，对柏拉图语言哲学思想的评价与思考。柏拉图的语言哲学思想具有深刻的理论价值和现实意义。他通过深入剖析语言的本质、功能与真理的关系，为人们理解现实世界和人类知识的形成提供了独特的视角。同时，他也提醒人们要认识到语言的局限性，努力追求更准确、更完善的表达方式。柏拉图语言哲学思想过于强调理性思考和直觉洞察在认识真理过程中的作用，忽视了经验和实践在知识形成中的重要作用。此外，他对于理想语言形式的追求也带有一定的理想化色彩，忽略了现实语言的复杂性和多样性。因此，在继承和发展柏拉图语言哲学思想的过程中，应该保持一种批判性的态度。既要充分肯定其思想的理论价值和现实意义，也要看到其局限性和不足之处。同时，还应该结合当代语言学、哲学和认知科学等领域的最新研究成果，对柏拉图的语言哲学思想进行深入的探讨和反思，以期能够更好地理解语言的本质和功能，推动人类知识的不断发展和进步。

总而言之，柏拉图的语言哲学思想作为古希腊哲学的重要组成部分，为人们理解语言、真理和人类知识的形成提供了独特的视角。通过深入探讨语言的本质、功能与真理的关系及理想语言形式的概念，柏拉图不仅为人们揭示了语言的奥秘和局限性，也为人们追求更准确、更完善的表达方式提供了重要的思想资源。

## 二、亚里士多德的语言哲学思想

亚里士多德是古希腊的杰出哲学家，其思想体系对后世产生了深远的影响。作为西方哲学史上的重要人物，他对于诸多领域的探讨，包括伦理学、政治学、逻辑学等，均为人们提供了丰富的理论资源。而其中的语言哲学思想，更是为后世的语言学家和哲学家提供了重要的思考框架。

第一，亚里士多德对语言的本质认识。语言是人类的本质特征之一，是人类理性思维和社会交往的基础，他强调了语言的工具性，语言是人类表达思想、交流感情、记录知识的重要媒介。通过语言，人们可以超越时间和空间的限制，传递和分享彼此的智慧和经验。"亚里士多德所发展的理论是所谓的'语言逻辑概念'，因为其基本范畴就是逻辑范畴，同时他的语言理论也主要是在逻辑探究的背景下发展的，即亚里士多德三段论理论。"① 语言并非简单的符号系统，而是与人类的思维活动紧密相连。语言是思维的体现，是人类对现实世界的认知和理解的反映。因此，语言的精确性和清晰度直接关系到人类思维的深度和广度。

第二，语言与逻辑的关系。亚里士多德对语言的探讨，不可避免地涉及语言与逻辑的关系。语言是逻辑的基础，而逻辑则是语言的精髓。语言是表达思想的工具，而逻辑则是保证思想正确性和一致性的关键。亚里士多德强调了语言的精确性对于逻辑推理的重要性，只有准确的语言才能表达清晰的思想，进而进行正确的逻辑推理。范畴理论将事物划分为不同的范畴，并探讨了范畴之间的关系，这一理论不仅为逻辑学的发展奠定了基础，也为语言分析提供了新的视角。通过对范畴的划分和关系的探讨，亚里士多德进一步揭示了语言的内在结构和逻辑规律。

第三，语言的社会功能与道德意义。亚里士多德的语言哲学思想不仅关注语言的内在结构和逻辑规律，还深入探讨了语言的社会功能和道德意义。语言是人类社会生活的重要组成部分，是社会秩序和文化传承的基础。语言的正确使用不仅是个人素养的体现，更是维护社会秩序的必要条件，他强调了语言的规范性和礼貌性，语言的使用应该遵循一定的社会规约和道德标准。通过语言的使用，人

---

① 程晨，肖福平. 洛克与古希腊、中世纪时期语言哲学思想对比探究 [J]. 海外英语，2019 (22): 77.

们可以表达对他人的尊重和关心，促进社会的和谐与稳定。亚里士多德还关注了语言与道德的关系，语言作为人类思维和表达的工具，可以传达道德观念和价值取向。通过语言的传播和交流，人们可以共同维护社会的道德规范和价值观念，推动社会的进步和发展。

第四，亚里士多德语言哲学思想的影响与启示。亚里士多德的语言哲学思想对后世产生了深远的影响。首先，他的思想为语言学的发展提供了重要的理论支撑。通过对语言的本质、结构、功能等方面的探讨，亚里士多德为后世的语言学家提供了丰富的思考框架和研究方法。其次，亚里士多德的语言哲学思想也对哲学领域产生了重要影响。他强调了语言与思维、逻辑、社会、道德等方面的紧密联系，为后世的哲学家提供了新的思考角度和研究路径。最后，亚里士多德的语言哲学思想还对教育实践具有重要的启示意义。他关于语言规范性、精确性、道德性的论述，为人们提供了教育教学中培养学生语言能力的重要指导。通过注重学生的语言表达能力和思维能力的培养，人可以更好地促进学生的全面发展。

第五，亚里士多德的语言哲学思想是一个丰富而深刻的体系。他通过对语言的本质、结构、功能等方面的探讨，揭示了语言与人类思维、社会、道德等方面的紧密联系。同时，他的思想也为后世的语言学、哲学和教育实践提供了重要的理论支撑和指导。然而，亚里士多德的语言哲学思想并非完美无缺。随着时代的变迁和语言学、哲学等领域的不断发展，人们需要对其思想进行不断的反思和拓展。通过深入研究和探讨亚里士多德的语言哲学思想，可以更好地理解语言的本质和功能，推动语言学、哲学等相关领域的发展，为人类社会的进步和繁荣做出更大的贡献。

## 第二节  理性主义的语言哲学思想

### 一、笛卡儿的语言哲学思想

在哲学史上，笛卡儿是一位举足轻重的人物，他的思想对后世产生了深远的影响，其中，他的语言哲学思想更是理性主义的重要代表，为人们理解语言与思维、语言与世界的关系提供了独特的视角。

第一，笛卡儿语言哲学思想的基础——普遍怀疑与理性重建。笛卡儿的语言哲学思想建立在其独特的哲学方法论之上，即普遍怀疑与理性重建。为了获得真正的知识，必须先对一切既有的观念、信念进行普遍的怀疑，包括对于感官经验、传统观念，甚至对于自身存在的确定性，这种普遍怀疑并非简单的否定，而是一种深入的反思，目的在于揭示出那些真正不可怀疑的、基础性的真理。在普遍怀疑的基础上，只有通过理性的推理和演绎，才能从普遍的怀疑中走出，建立起坚实的知识体系，这种理性重建的过程，不仅涉及对自然世界的认识，也涉及对语言本身的反思。语言是思维的工具，是表达和理解世界的中介。因此，对语言的理性分析，是达到真正知识的重要途径。

第二，笛卡儿对语言的理性分析——语言的清晰性与精确性，语言的本质在于其表达思维的能力。真正的语言应该是清晰而精确的，能够准确地反映思维的内容。首先，强调语言的清晰性。语言是思维的符号，应该能够清晰地表达思维的内容。为了实现语言的清晰性，使用简单而明确的词汇，避免使用模糊或歧义的表达方式。同时，强调语法和句法的重要性，它们对于保证语言的清晰性具有关键作用。其次，注重语言的精确性。语言应该能够精确地反映事物的本质和属性。为此，对语言进行深入的分类和定义，可以更准确地描述和理解世界。通过精确的语言，人们可以更加深入地认识事物的本质，从而建立起更加坚实的知识体系。

第三，笛卡儿语言哲学思想中的理性主义特征。笛卡儿的语言哲学思想深深地打上了理性主义的烙印。理性主义强调理性在认识世界和获取知识中的决定性作用，只有通过理性的推理和演绎，才能获得真正的知识。在笛卡儿的语言哲学中，这种理性主义特征表现得尤为明显。首先，语言哲学思想体现了对理性的高度推崇。语言作为思维的工具，其本质在于其表达思维的能力。而这种表达能力的核心，正是理性。只有理性的语言，才能准确地反映思维的内容，才能成为真正有效的知识传递工具。其次，语言哲学思想强调了理性在语言分析中的关键作用。对语言进行理性的分析，可以揭示其内在的逻辑结构和意义，这种分析过程，实际上是一种理性的解构和重构过程，旨在通过理性的力量，揭示语言的本质和规律。最后，语言哲学思想也体现了理性主义对于知识的追求。真正的知识应该建立在理性的基础之上，而不是依赖感官经验或传统观念。因此，通过理性的分析和推理，来建立坚实的知识体系，能够实现对世界的真正认识。

第四，笛卡儿语言哲学思想的影响与启示。笛卡儿的语言哲学思想对后世产生了深远的影响。他的理性主义语言观为后世的哲学家和语言学家提供了重要的启示，推动了语言哲学的发展；他的思想也对现代语言学、认知科学等领域产生了重要的影响，为人们理解语言和思维的关系提供了新的视角。首先，语言哲学思想强调了语言和思维之间的紧密关系。语言是思维的工具，是表达和理解世界的中介，这一观点为人们理解语言和思维的关系提供了重要的启示，也为人们研究语言哲学提供了新的思路。其次，语言哲学思想强调了语言的清晰性和精确性。真正的语言应该是清晰而精确的，能够准确地反映思维的内容，这一观点对于现代语言学的发展具有重要的启示意义，也为人们研究和改进语言表达方式提供了重要的指导。最后，语言哲学思想强调了理性在认识世界和获取知识中的决定性作用。只有通过理性的推理和演绎，才能获得真正的知识，这一观点不仅为人理解知识的本质提供了重要的启示，也为人们追求真正的知识提供了重要的指导。

总而言之，笛卡儿的语言哲学思想是一种典型的理性主义思想，它强调了语言和思维之间的紧密关系，强调了语言的清晰性和精确性，也强调了理性在认识世界和获取知识中的决定性作用，这些思想不仅为人们理解语言和思维的关系提供了新的视角，也为人们追求真正的知识提供了重要的指导。在现代哲学和语言学的发展中，笛卡儿的语言哲学思想仍然具有重要的价值和意义。

## 二、莱布尼茨的语言哲学思想

莱布尼茨作为欧洲哲学的杰出代表，其学术贡献不仅限于数学和逻辑领域，更在语言哲学方面有着深远的影响。莱布尼茨的语言哲学思想，既是对前人智慧的继承与发展，也是对未来哲学探索的启迪与引领。

第一，莱布尼茨语言哲学思想的形成背景。莱布尼茨所处的时代，是欧洲文艺复兴与宗教改革之后，科学理性逐渐占据主导地位的时期，这一时期的哲学家们开始关注语言与思维、语言与世界之间的关系，试图通过语言分析来揭示人类认识的本质。莱布尼茨正是在这样的背景下，开始了他的语言哲学探索。莱布尼茨的语言哲学思想深受笛卡儿、斯宾诺莎等哲学家的影响。他继承了笛卡儿的理性主义传统——理性是认识世界的根本途径；同时，他也吸收了斯宾诺莎的泛神论思想——宇宙是一个和谐的整体，万物之间都存在着内在联系，这些思想为莱布尼茨的语言哲学思想提供了理论基础。

第二，莱布尼茨语言哲学思想的核心内容，主要包括以下三方面。

一是语言与思维的关系。语言是思维的表达工具，是人类认识世界的桥梁。语言与思维之间具有紧密的联系。语言是思维的产物，同时也是思维的载体。通过语言，人们可以将自己的思维成果传达给他人，从而实现知识的共享与交流。此外，语言的局限性会限制人们的思维方式，使人们难以超越自己的语言框架去认识世界。通过改进语言来推动思维的发展，可以实现人类认识的进步。

二是语言与世界的关系。语言与世界之间存在着对应关系，语言是对世界的反映，是人们认识世界的一种方式。通过语言，人们可以描述世界的现象，揭示世界的本质。同时，语言也是人们改造世界的工具，通过语言的使用，人们可以表达自己的意愿，指导自己的行为，从而改变世界。然而，莱布尼茨也意识到语言与世界之间的对应关系并非完全一一对应。语言的表达能力有限，无法完全准确地描述世界的复杂性和多样性，通过完善语言的表达方式来更好地反映世界的真实面貌。

三是普遍语言与逻辑演算。普遍语言的构想试图通过一种理想的、普遍的语言来克服自然语言的局限性，实现人类知识的交流与共享，这种普遍语言应该基于严格的逻辑规则，能够准确地表达人类思维的所有内容。通过逻辑演算，能够构建普遍语言的语法和语义规则，使语言能够成为一种精确的表达工具。莱布尼茨的逻辑演算思想对后来的计算机科学和人工智能领域产生了深远的影响。

第三，莱布尼茨语言哲学思想的影响与启示。莱布尼茨的普遍语言构想启发了后来的哲学家和语言学家对语言本质和功能的探索，他的逻辑演算思想为现代计算机科学和人工智能的发展奠定了理论基础。此外，莱布尼茨对语言与思维、语言与世界关系的思考也为人们理解人类认识世界的方式提供了宝贵的启示。首先，莱布尼茨强调语言与思维之间的紧密联系，提醒人们关注语言对思维的影响。在现代社会中，随着信息技术的快速发展，人们越来越依赖语言进行交流和信息传递。因此，人们需要更加关注语言的精确性和规范性，以避免因语言歧义或误解而导致的思维混乱和知识失真。其次，莱布尼茨对语言与世界关系的思考提醒人们要保持对语言的开放性和批判性态度。语言虽然是对世界的反映，但并非完全准确的反映。人们需要不断反思和改进自己的语言使用方式，以更好地适应不断变化的世界。同时，人们也需要保持对语言的批判性态度，避免被语言的局限性所束缚，努力拓宽自己的思维视野。最后，莱布尼茨的普遍语言构想为人们提供了一种理想化的语言模型。虽然在实际应用中可能难以实现，但它提醒人们不断追求语言的完善和优化。通过不断改进语言的表达方式和逻辑规则，人们可以更好地表达和交流人类的思想和认识成果，推动人类文明的进步和发展。

# 第三节　启蒙时代的语言哲学思想

## 一、孔狄亚克的语言哲学思想

孔狄亚克作为法国启蒙时代的杰出哲学家，其思想体系对后世产生了深远的影响。在众多哲学领域，孔狄亚克的语言哲学思想尤为引人注目，为人们理解语言的本质、语言与认知的关系及语言的社会功能等方面提供了深刻的洞见。

第一，孔狄亚克语言哲学思想的基本框架。孔狄亚克的语言哲学思想建立在其对感觉经验的重视之上。"孔狄亚克认为，语言起源于动作和行动，慢慢上升为有声语言。"① 感觉是知识的唯一来源，而语言则是表达感觉经验的工具。因此，语言并非先验的、固有的，而是后天通过学习获得的，这一观点与当时盛行的理性主义哲学形成鲜明对比，语言和理性是人类天生具有的能力。在孔狄亚克看来，语言的核心功能是描述和表达感觉经验，语言是由一系列符号组成的系统，这些符号与人们的感觉经验相对应。通过语言，人们可以将内心的感觉经验转化为外部可交流的形式，从而实现人与人之间的沟通与理解。语言是社会交往的产物，是人类社会发展的重要标志。语言不仅帮助人们进行日常交流，还承载着文化传承、价值观传递等重要功能。因此，语言的发展与社会的发展密切相关，二者相互促进、相互影响。

第二，孔狄亚克语言哲学思想的具体内容，主要包括以下三方面。

一是语言与认知的关系。语言是认知的反映和表达。人们的认知活动是基于感觉经验的，而语言则是将这些感觉经验进行整理、分类和表达的工具。因此，语言的准确性和清晰度直接影响到人们对世界的认知和理解。语言的发展也推动着认知的进步，随着语言的不断丰富和完善，人们能够更加精确地描述和表达感觉经验，从而深化对世界的认识。同时，新的认知成果也会反哺语言，为语言提供新的表达方式和内容。

二是语言的社会功能。在孔狄亚克看来，语言是社会交往的桥梁和纽带。通过语言，人们可以分享彼此的感觉经验、交流思想和情感，从而增进相互理解和信任，这种交流和互动有助于形成共同的文化和价值观，推动社会的和谐与发

---

① 谢群. 西方语言哲学思想流变［M］. 哈尔滨：黑龙江大学出版社，2021：69.

展。语言还具有文化传承的功能，语言是文化的载体，通过语言，人们可以传承和发扬先人的智慧和经验，这种文化传承不仅有助于维护社会的稳定性和连续性，还为后人的发展提供了宝贵的资源和借鉴。

三是语言的符号性与任意性。语言是一种符号系统，符号与感觉经验之间的对应关系是任意的，这意味着同一感觉经验可以用不同的语言符号来表达，而同一语言符号也可以用来表达不同的感觉经验。这种任意性使得语言具有极大的灵活性和多样性，但也增加了理解和交流的难度。为了克服这种任意性带来的困难，孔狄亚克强调了语言学习的重要性，通过学习和实践，人们可以掌握语言的规则和用法，从而更好地理解和运用语言。同时，他也提醒人们注意语言的变化和发展，以适应不断变化的社会环境和文化需求。

第三，孔狄亚克语言哲学思想的影响与启示。孔狄亚克的语言哲学思想对后世产生了深远的影响。首先，他的思想为实证主义哲学提供了重要的理论基础。实证主义哲学强调经验观察的重要性，只有经验证实的知识才是可靠的，这与孔狄亚克对感觉经验和语言的看法相吻合，为实证主义哲学的发展提供了有力的支持。其次，孔狄亚克的语言哲学思想也对语言学研究产生了重要影响。他关于语言与认知、语言与社会的关系的论述为语言学研究提供了新的视角和方法。同时，他对语言符号性和任意性的探讨也为人们理解语言的本质和功能提供了重要的启示。最后，孔狄亚克的语言哲学思想还具有深刻的现实意义。在当今社会，随着全球化进程的加速和信息技术的飞速发展，语言交流的重要性日益凸显。孔狄亚克关于语言与社会交往、文化传承等方面的论述为人们理解和应对语言交流中的问题和挑战提供了有益的指导。

## 二、卢梭的语言哲学思想

卢梭作为一位杰出的哲学家，其思想在哲学领域有着深远的影响。特别是在语言哲学方面，他的理论观点独树一帜，为后世的哲学家和语言学家提供了宝贵的思想资源。卢梭的语言哲学思想，不仅是对语言本质的深入探索，更是对人类认知世界方式的重新审视。

第一，卢梭的语言哲学思想建立在他对人类社会的深刻观察之上。语言是人类社会的基本特征之一，是人类文明进步的标志。在卢梭看来，语言不仅是一种交流工具，更是一种反映人类思维方式和认知结构的重要载体。因此，对语言的深入研究，不仅有助于人们理解语言的本质和功能，更能揭示人类思维和认知的奥秘。语言具有社会性和历史性，是在人类社会的交往过程中逐渐形成的，是人类集体智慧的结晶。同时，语言也随着社会的发展和历史的变迁而不断演变，这种演变不仅体现在词汇的增加和语法的变化上，更体现在语言所承载的文化内涵和价值观念的转变上。因此，在研究语言时，必须充分考虑其社会性和历史性，才能真正理解语言的本质和意义。

第二，卢梭对语言与思维的关系有着独到的见解。语言是思维的表达形式，是人类思维的外化。语言的结构和规则反映了人类的思维方式和认知结构。因此，通过研究语言，人们可以窥见人类思维的奥秘。同时，语言对思维有着反作用。语言的使用和表达会影响人们的思维方式，甚至塑造人们的认知结构，这种相互作用使得语言和思维之间形成了一种紧密的联系。语言的意义并非固定不变的，而是随着语境的变化而变化的。一个词汇或句子的意义往往取决于它所处的语境，包括说话人的意图、听话人的理解及社会环境等因素。因此，在解读语言时，人们需要充分考虑语境的复杂性和多样性。卢梭的这一观点对于现代语言学中的语用学研究具有重要的启示意义。

第三，卢梭关注语言与权力、意识形态之间的关系。语言不仅是交流的工具，更是社会权力和意识形态的载体。通过语言，统治者可以传播自己的价值观念，维护社会秩序。同时，语言也可以成为反抗和批判的工具，挑战现有的权力结构和意识形态。因此，在研究语言时，必须关注其背后的社会政治背景和权力关系。

第四，卢梭的语言哲学思想还具有强烈的批判性。语言哲学思想不仅对传统的语言观念提出了质疑，还对现有的语言研究方法进行了反思。传统的语言研究往往忽视了语言的社会性和历史性，过于关注语言的形式和结构，而忽视了语言的意义和功能。因此，采用一种更为全面和深入的方法来研究语言，可以揭示语言的真实面貌。

第五，卢梭的语言哲学思想在学术界产生了广泛的影响。他的观点和方法为后世的哲学家和语言学家提供了新的思考角度和研究路径，许多学者在卢梭的基础上进行了深入的研究和拓展，形成了丰富的学术成果。同时，卢梭的思想也对教育领域产生了积极的影响。语境、社会性和历史性在语言学习中具有一定重要性，为语言教学提供了新的思路和方法。然而，卢梭的语言哲学思想也存在一些争议和批评。他的批判性立场使得一些学者对他的观点持保留态度，这些争议和批评也为人们进一步理解和完善卢梭的语言哲学思想提供了重要的参考。

第六，卢梭的语言哲学思想是一种全面而深刻的理论体系。他通过对语言的深入探索，揭示了语言的本质、功能及与思维、社会、历史之间的复杂关系。他的观点和方法不仅为人们理解语言提供了新的视角，也为语言学和哲学的研究开辟了新的领域。尽管他的思想存在一些争议和批评，但这正是学术研究的魅力所在。通过不断的探讨和争鸣，人们可以更加深入地理解卢梭的语言哲学思想，推动语言学和哲学研究的不断进步。

# 第四节　现代欧洲哲学的语言哲学思想

## 一、尼采的语言哲学思想

尼采以其独特的视角和深邃的思考，对西方哲学产生了深远的影响。在尼采的哲学体系中，语言哲学思想占据着举足轻重的地位。

第一，尼采对语言与实在关系的思考。语言并非对实在的客观反映，而是人类主观意志和情感的产物。语言是人类创造出来的符号系统，用于表达和交流思想、情感和体验。因此，语言与实在之间的关系并非简单的对应关系，而是充满了主观性和创造性。语言的使用和解释受到历史、文化、社会和个人等多种因素的影响，这些因素使得同一语言在文化背景下呈现出不同的面貌。因此，人们不能简单地将语言视为对实在的客观描述，而应该将其视为一种人类主观世界的表达。尼采还批判了传统哲学中将语言视为理性工具的观点。语言并非仅仅是理性的表达工具，更是情感和意志的载体。语言能够激发人们的情感、调动人们的意志，从而改变人们的认知和行为。因此，尼采强调，在理解语言与实在的关系时，人们必须充分考虑语言的情感性和意志性。

第二，尼采对语言与认知关系的探讨。语言在认知过程中具有双重作用：一方面，语言是人类认知的媒介和工具，帮助人们理解和把握世界；另一方面，语言也是认知的障碍和限制，使得人们无法完全摆脱主观性和偏见。

一是语言在认知过程中的媒介作用。通过语言，人们可以将经验、知识和思想传递给他人，从而扩展人们的认知范围。同时，语言还能够将复杂的概念和观念进行抽象和概括，使得人们能够更加深入地理解世界。然而，尼采也指出，语言在媒介作用的同时，也带来了认知的扭曲和变形。由于语言的符号性和抽象性，人们往往无法完全准确地表达和理解世界。此外，语言的使用和解释还受到文化、社会和个人等因素的影响，使得人们的认知充满了主观性和偏见。

二是语言的认知障碍作用。语言作为一种固定的符号系统，往往会限制人们的思维方式和认知范围。人们往往习惯于用已有的语言概念和框架来理解和解释世界，这使得人们难以超越已有的认知模式，发现新的认知领域。此外，语言的使用还可能导致思维的僵化和刻板化，使得人们难以应对复杂多变的现实世界。因此，为了克服语言的认知障碍，"透视主义"要求人们以多种视角和方式来看待世界，不断尝试新的语言和表达方式。通过透视主义的方法，人们可以打破语言的束缚和限制，拓宽人们的认知视野和思维方式。

第三，尼采对语言与权力关系的揭示。尼采的语言哲学思想中，对语言与权力关系的揭示尤为深刻。语言不仅是交流的工具，更是一种权力的象征和工具。在尼采看来，语言的使用和解释往往受到权力关系的影响和制约。尼采指出，权力关系在语言中的体现是多方面的。首先，语言的使用往往受到社会阶层和地位的影响。不同社会阶层和地位的人使用的语言和表达方式往往不同，这反映了权力关系在语言中的烙印。其次，语言的解释和解读也往往受到权力关系的影响。在权力关系中占据优势地位的人往往能够更加自由地解释和解读语言，而处于劣势地位的人则往往被迫接受和认同优势者的解释。尼采进一步揭示了语言作为权力工具的作用。通过语言的使用和解释，掌握权力者可以塑造和维护自己的权威和地位。他们可以通过控制语言的使用和解释来影响他人的思想和行为，从而达到维护自己利益的目的。同时，语言也可以作为一种反抗和批判的工具，被弱势群体用来挑战和颠覆现有的权力关系。尼采对语言与权力关系的揭示，不仅深化了人们对语言本质的认识，也为人们理解社会现象提供了新的视角。通过关注语言与权力关系，人们可以更加深入地理解社会中的不平等现象，并思考如何通过语言的变革来推动社会的进步和发展。

第四，尼采语言哲学思想的影响与启示。尼采的语言哲学思想对后世产生了深远的影响。语言的主观性、情感性和意志性打破了传统哲学对语言的客观性和理性主义的束缚，透视主义认知方法为人们提供了拓展认知视野和思维方式的新途径。同时，尼采的语言哲学思想对人们具有重要的启示意义。首先，人们应该认识到语言的复杂性和多样性，避免将其简单化为客观描述或理性工具；其次，人们应该关注语言背后的情感、意志和权力因素，以更全面地理解语言和交流的本质；最后，人们可以通过尝试新的语言和表达方式，打破固有的思维模式和认知框架，以更开放和包容的态度面对世界。

第五，尼采语言哲学中的"意志至上"与语言创造。在尼采的哲学体系中，"意志至上"是一个核心观念。世界的本质是意志，而非理性或物质，这种对意志的强调，也深刻地反映在他的语言哲学思想中。语言是人类意志的创造物，是意志表达自身、实现自身的工具。尼采批判了传统的语言观念，语言并非仅仅是对客观世界的反映，而是人类意志的投射和创造。他强调，语言的形成和发展，是人类意志在追求自我表达、自我实现的过程中，不断塑造和改造的结果。因此，语言的本质是一种意志活动，是意志的创造和表达。对语言与意志关系的理解，使得尼采的语言哲学思想具有鲜明的主体性和创造性。他强调了人类在语言创造中的主动性和创造性，打破了传统哲学中语言作为被动反映的观念。同时，这也为人们理解语言的多样性和变化性提供了新的视角。

第六，尼采对语言变革与社会变革的关联思考。语言的变革与社会的变革紧密相连，在社会历史的发展过程中，语言的变革往往伴随着社会的变革，这种关联性不仅体现在语言作为社会现象的一面，更体现在语言作为推动社会变革的力量的一面。语言的变革可以推动社会的变革，新的语言形式和表达方式往往能够带来新的思想和观念，从而推动社会的进步和发展。例如，新的词汇、语法结构和修辞手法的出现，往往能够拓展人们的认知范围，激发人们的创新精神，推动社会的向前发展。同时，社会的变革也会对语言产生影响。社会的变革会带来新的社会现象和问题，这些新的现象和问题又需要新的语言来表达和描述。因此，社会的变革会推动语言的变革，使得语言更加适应社会的发展需要。

## 二、拉康的语言哲学思想

拉康的语言哲学思想是一个丰富且深刻的学术领域，涉及语言、符号、主体性和现实等多个方面的复杂关系。拉康的理论不仅为语言学和哲学提供了新的视角，也对心理学、社会学、文学批评等领域产生了深远的影响。在探讨拉康的语言哲学思想时，人们需要从他的基本理论出发，逐步深入其思想的核心和内涵。

第一，拉康的语言哲学思想建立在结构主义语言学的基础之上。语言是一种符号系统，这个系统并非孤立存在，而是与社会、文化和历史紧密相连。拉康尤其关注语言的能指与所指之间的关系，即语言符号与其所代表的意义之间的关系。能指与所指之间的关系并非固定不变，而是受到社会和文化因素的制约。因此，语言不仅是交流的工具，更是社会和文化结构的反映和构建者。在文学批评领域，拉康的理论为解读文学作品提供了新的视角和方法。通过分析文学作品中的语言符号和隐喻象征，人们可以更深入地理解作品的主题和意义，揭示作家的创作意图和审美追求。同时，拉康的理论也可以与心理学、认知科学等领域进行交叉研究，探讨语言与认知、情感、记忆等方面的关系，为人们理解人类心智提供更全面的视角。

第二，拉康的"镜像阶段"理论对于理解他的语言哲学思想具有重要意义。在婴儿的成长过程中，存在一个关键的"镜像阶段"，在这个阶段，婴儿通过镜子中的反射认识到自己的存在，从而形成了初步的自我意识，这一过程揭示了人类主体性的形成与语言、符号之间的密切关系。语言作为一种符号系统，同样具有构建主体性的作用。人们通过语言来认识自己，理解他人，进而构建自己的身份和主体性。语言不仅是表达思想的工具，更是一种具有隐喻性和象征性的符号系统。通过语言的隐喻和象征，人们可以表达那些难以用直接语言描述的经验和感受。这种隐喻性和象征性使得语言具有无限的创造性和表达力，同时也揭示了语言与现实之间的复杂关系。语言并非一个单一的、统一的系统，而是由多种不同的符号、规则和语境构成的复杂结构。这种异质性使得语言具有多样性和灵活性，能够应对不同情境下的交流需求。同时，语言的异质性也揭示了人类思维和认知的复杂性和多样性。

第三，拉康深入探讨了语言的社会功能和文化意义。语言不仅是个人表达思想的工具，更是社会交流和文化传承的媒介。通过语言，人们可以传递信息、分享经验、建立关系，进而构建和维护社会秩序和文化传统。因此，语言在社会和文化中具有举足轻重的地位。在拉康的理论中，还涉及语言与权力、意识形态的关系的探讨。语言作为一种符号系统，往往被权力和意识形态所利用，成为塑造和巩固社会结构和权力关系的工具。通过操控语言和符号，掌握权力者能够影响人们的思想和行为，维护自身的利益。因此，人们需要对语言背后的权力关系和意识形态保持警惕，避免被其操纵和束缚。人们可以详细分析拉康的理论与其他语言学派别的异同点，探讨其理论在语言学领域的贡献和影响。同时，人们还可以将拉康的理论与其他哲学家的思想进行比较和对话，以揭示其理论在哲学领域的独特性和创新性。此外，人们还可以从实践应用的角度探讨拉康的语言哲学思想。例如，在教育领域，人们可以探讨如何利用拉康的理论来改进语言教学方法和策略，提高学生的语言能力和素养。在文化交流方面，人们可以分析拉康的理论如何帮助人们理解不同文化背景下的语言现象和符号意义，促进跨文化的交流和理解。

　　第四，拉康的语言哲学思想是一个丰富而复杂的学术领域，需要人们从多个角度进行深入研究和探讨。通过对拉康理论的深入理解和应用，人们可以更好地理解语言、符号、主体性和现实之间的关系，为语言学、哲学、心理学、社会学等领域的发展提供新的思路和方向。拉康的语言哲学思想不仅揭示了语言的本质和功能，还为人们提供了一种独特的视角来审视人类思维和认知的复杂性。人们通过语言来构建自我意识和身份认同，这一观点对于理解人类心理和社会行为具有重要意义。同时，拉康对语言隐喻性和象征性的探讨也揭示了人类思维的创造性和想象力，使人们更加深入地理解语言和思维的内在联系。此外，拉康的语言哲学思想还对人们理解文化和社会现象提供了重要启示。语言具有社会功能和文化意义，语言在文化传承和社会交流中具有重要作用。

# 第六章 现代语言学与外语教学的哲学思考

## 第一节 现代语言学的流派

### 一、索绪尔语言学流派

"语言是人类最重要的交际工具，因为只有语言才是人类社会不可或缺的、与人类社会生活各方面关系最密切的、能够使人充分交流思想情感的工具。"①瑞士语言学家索绪尔是现代语言学的奠基人，索绪尔通过在历史比较语言学，特别是在印欧比较语言学中做出重大贡献而在语言学界崭露头角。

#### （一）比较语言学派

索绪尔对语言研究所做的最重要贡献表现在普通语言学方面。索绪尔在开设普通语言学教程之前就已经对印欧语系的很多语言进行了深入的了解和剖析。他对日耳曼语比较语法、拉丁语和希腊语进行过教学。索绪尔在历史语言学方面做出了很多深层次的研究，能够全面分析某一门语言，并针对其特点提出自己的一些观点。比较语言学派作为新兴学派，尚未在语言学领域确立真正的研究基础，亦未能明确界定其研究对象。缺乏这一关键步骤，任何科学研究均难以构建稳固的体系框架。

#### （二）静态语言学与演化语言学派

19世纪以来，很多学者致力于研究语言学和语言的历史性。通过研究语言的历史性，发现不同语言之间的相似之处，共时语言学和历时语言学这两个不同的学科由此形成。共时语言学研究是把共存联系在一起构成复杂的逻辑关系和心

---

① 江涛．现代语言学理论与教学动态发展研究［M］．长春；吉林人民出版社，2020；2.

理关系的一种研究，又称为"静态语言学"。历时语言学专注于探究那些具有显著关联性的要素，特别是那些虽不属于同一集合，却展现出某种替代关系的要素，因此，它亦被称为"演化语言学"。

历时性与共时性这两个概念既相互依赖，又相互对立。历时性属于客观存在的事实，是针对语言系统的一种比较科学的抽象概念；共时性是先后交替出现的事实，代表的是语言的变化，是一种确切的存在。从研究角度而言，历时性所进行的是断代研究，而共时性所进行的是历代研究；历时性在研究过程中十分在意同一时期不同语言之间的关系，而共时性则注重语言随着时间的演变而发生的变化；历时性主要体现的是历史的某一阶段，而共时性需要通过漫长的历史时期来进行变化的总结。

区分历时研究和共时研究的目的主要是界定语言学研究的内容。首先，历时/共时之所以在语言学研究中成为一个独特的问题，是因为语言学研究的是符号的形式关系，而形式关系就是从其时间性方面来界定的。符号自身没有任何价值，其价值完全依赖它在符号系统中的位置，这种价值在某种程度上取决于与它同时存在的价值系统。其次，索绪尔反对语言变化的目的论，语言变化来自其中某些成分的自发的、偶然的变化。索绪尔的这一思想与达尔文进化论的构想是一致的。共时性语言学与历时性语言学的强调应以共时性语言学作为主要的研究切入点，这一理论不仅具有广泛的应用价值，而且在语言学领域中具有里程碑式的重要性。同时，它还蕴含了深刻的哲学意义，体现了索绪尔对于语言理论的独特哲学视角和态度。

## （三）符号学派

符号学是研究事物符号的本质、符号的发展变化规律、符号的各种意义及符号与人类多种活动之间的关系的学科。符号学的原理应用到各具体领域就产生了部门符号学。最早的符号学和语言学研究之间具有交叉和包容关系，系统的存在必须由符号来支撑，很多语言必须借助符号学进行研究。从某种程度而言，符号学理论的研究是索绪尔语言理论的一个重要组成部分，语言同样是一种表达情感的符号系统，符号科学中最重要的组成因素是语言哲学思想。他运用严谨的逻辑和理性的思维，深入剖析了语言符号的本质特性，以此为依据，进一步阐释了自己的观点。索绪尔在符号学领域的研究，不仅为其他科学领域的进步提供了重要的理论支撑，同时也推动了符号学本身的深入发展。他的贡献不仅在于揭示了符号学的内在规律，更在于为后世研究者提供了宝贵的学术资源和思考路径。

研究符号学与研究其他科学一样，都要确定研究对象，以此来促进符号学发展成一门独立的学科。索绪尔为现代符号学的发展做出了很多贡献。美国逻辑家皮尔斯的符号学思想也在一定程度上推进了符号学的发展和进步。根据与对象的关系，符号可以分为像似符号、指示符号与规约符号。

# 二、功能语言学流派

## （一）布拉格学派

在索绪尔语言学理论的影响下现代语言学逐渐形成了一个新的语言学派——布拉格学派。布拉格学派与哥本哈根学派和美国结构主义学派相同之处在于反对德国新语法学派的历史主义和分割主义，语言研究应该从整体出发对语言结构进行共识研究；而不同之处是布拉格学派把语言的结构和功能结合起来进行详细的研究，语言主要作为一种交流工具而存在，能从语法角度和功能角度用主位和述位来分析句子。主位是指在特定语境中已知或明确作为话语起点的信息，而述位则代表说话者所陈述的，与话语起点直接相关的内容。

布拉格学派的研究重点是把语言作为一种功能体系来进行分析。布拉格学派在音位学方面的研究成果尤为突出，认为语音学和音位学应区别开来，因为语音学的研究对象是语音的生理和物理属性，而音位学的研究对象则是语音在音位体系中的功能。除此之外，布拉格学派也对语言的非语言特点感兴趣，如交际者的社会背景、交际的主题等。布拉格学派的语言学思想对后来的语言学家影响很大，其研究成果在语言学界引起了极大反响，语音中区别性特征、音素与语法形式之间的关系、文体变异及非语言因素等方面均表现出令人瞩目的研究价值，这些领域的研究对于提升语言理解和应用的水平具有重要意义。

### 1. 音位学与音位对立

布拉格学派在研究中最具价值的是对于音位学说及语音学之间的区分，在这一领域最具代表性的学者是特鲁别茨科伊。他逐渐扩大音位的概念，进一步促进音位成为最具抽象代表的语音系统单位。特鲁别茨科伊对语音特征分类，给出了三条衡量标准：①语音与整个对立系统的关系；②对立成分之间的关系；③区别力的大小。首先，特鲁别茨科伊指出了语音与其他学科之间的区别性功能，并进一步给出了有关音位的具体解释；其次，通过区分语音、音位及其他学科的主要特点，进一步研究音位组合之间的关系；最后，特鲁别茨科伊基于其深入的研究经验，构建了一套针对音位研究的方法和理论体系。

## 2. 句子功能前景理论

句子功能前景是一套适用于分析语言学的科学理论，它利用现有的信息对语言进行切割和解读，研究的基本原则是对句子中的每一个组成部分进行比较深入的研究，通过每个部分的作用总结出这些部分对整个句子的作用。每一个句子都有其出发点和重要因素，而所谓句子的出发点就是说话者和听话者都能理解到的东西。句子的核心是说话者所要传达的根本问题，以及对听话者而言最具价值的信息和内容。功能前景的概念主要用来研究信息是如何存在于句子中并进行表达的，主要涉及已知信息（被给信息）和新信息在话语中的分布情况。已知信息是那些已经被读者或听者所了解、熟悉的信息内容，并非初次呈现的新知。而所谓新的信息，则指的是那些将要传达给读者或听者的、尚未被其接收的知识内容。

## （二）哥本哈根学派

20 世纪 30 年代，欧洲丹麦形成了以叶尔姆斯列夫为代表的哥本哈根学派。这一学派十分赞同索绪尔的观点，认为语言是形式，不是一个客观存在的实体；音素和意义是脱离语言独立存在的两种不同的事物，只有通过特定的语言、特定的结构，才能将二者联系在一起。对语言的描写和研究，必须建立在对其结构关系的分析上。语言作为一门科学，它的研究对象应该是组成语言的各个部分及它们之间的关系，也就是语言的内部结构。所以，他们在研究过程中企图建立一门新的语言学——语符学。哥本哈根学派对于语言符号及其他符号如交通信号、电报代码等均予以深度关注。他们坚信，自然语言并非其他非语言符号体系之基石，并积极探索以形式语言取而代之的可能性。虽然这些主张并未得到广泛认同，但对各种人工语言的建立是有一定意义的。语言关系主要有三种：①相互依赖关系，即两个语言成分相互依赖，互为规定；②决定关系，即语言成分 A 可规定语言成分 B，但语言成分 B 不能规定语言成分 A；③并列关系，即语言成分既不互相规定，也不互相排斥。

## （三）伦敦语言学派

### 1. 马林诺夫斯基语言理论

马林诺夫斯基的语义学理论是，要想实现对语言的研究，就必须建立一种独立的语言学理论作为支柱。在探讨语言现象时，必须以语义学理论作为坚实的基石。对各种组织成分的语法特性进行深入研究时，必须始终牢记其内在的意义，这是确保人们准确理解语言现象的关键所在。证明一个表达方式应该归为名词、动词、副词或名词性指示词时，用的是语义学定义，而不是形式上的定义，这样做的优势在于：①这样定义后的语法范畴有可能符合人类思维中的概念区别；②语言学家可以自由地分析复杂结构中的组织成分，而无须用形式标准重新定义语法范畴。

语义学理论不仅要规定语法范畴和语法关系，而且要说明文化环境对语义情境的影响。语义分析常常把人们引向人种学描写。在决定多个语言成分的意义和功能时，不得不做人种调查，描写风俗习惯，并说明社会情况。例如，作为一种语言形式，口头语言常常与当时的环境有关系，这种情况下的语言分为以下三方面。

（1）语言与当时的身体活动有直接关系。语言充满了技术词汇，简单涉及周围环境，表示迅速变化，一切都以习惯性行为为基础，参加者都很熟悉并亲身经历过这些行为，这些具体语言单位只有在亲身经历中才能获得，是通过行动学会的，而不是通过思考学会的。语义并非与物质特征直接相关，而是与词的功能紧密相连。当一个词汇被用作表示重要工具时，其在实际行动中的运用，并非为了评论工具的性质或反映其特点，而是为了实现其存在价值，将其呈现给使用者，或指导他人如何正确使用。一个物体的意义是由其积极使用的经历组成的，而不是苦思冥想出来的。对于一个本族语者而言，一个词的意义就是它所代表的物体的正确使用，就像一件工具，使用起来就有意义，不使用就没有意义。一个词用来产生行动，而不是描写行动，更不是把思想翻译过来。所以，词有一种自己的力量，是带来变化的工具，是行为和物体的杠杆。

（2）叙述中使用的语言。叙述性的语言环境有两种可能：①叙述本身所处的环境，如在场人的社会态度、文化水平及感情变化；②叙述所涉及的环境，如神话中的情境。叙述的意义与语言环境没有关系，但可以改变听话人的社会态度和思想感情。

（3）在"自由的、无目的社会交谈"中使用的语言。这种语言与任何人类活动毫无关系，其意义不可能来自语言环境，而只能是社会交往的气氛……谈话者之间的私人交流而已，这种话语为"垫语"，就是寒暄语。寒暄语具有以下特征：①属于自由的、无特定目的的西方语言学流派的社会交往；②或是无目的地表示爱憎，或描写不相干的事情，或评论非常明显的事情；③属于一种言语方式，通过词语的交换建立团结的纽带；④属于没话找话。寒暄语不表达实质性的意义，仅仅是出于礼节的需要。

普遍性范畴是"真正的范畴"，反映了人类对待生活的普遍态度。语言结构反映了真正的范畴，这些范畴派生于儿童和原始人对周围世界的实际态度，这些语法范畴反映了为生存而进行的各种斗争强加给人的权宜的、非系统的、实际的世界观。"实际态度"是儿童生来具备的，而不是后天习得的，普遍语法存在于一切人类语言中，无论它们在表面上是多么不同。马林诺夫斯基之所以给出这样的论断，是为了否定以下两种观点：①语法范畴来自表达思想所需要的范畴；②语法范畴凭空出现于大脑，以便组织语法结构。普遍语法范畴中较早出现的是"名词实体"，动词类出现较晚。动词是关于动作、身体姿态、人的情绪、时间变化的词汇，多用于命令、描写和解释。动词类的存在源于人类对自我变化、行为种类、身体状态及思想情绪等方面的浓厚兴趣。此外，普遍语法范畴亦涵盖代词、形容词、副词、连词及名词的各种格和介词。

## 2. 弗斯的语言观与语义学

弗斯的语言理论在英国语言学史上具有划时代的意义，弗斯既是传统理论的继承者，又是新理论的创立者。语言是做事情的方式，是让别人做事的方式，是一种行为方式，是迫使别人行动的方式，是一种生活方式。语言包括"系统"和"结构"两个要素。结构指的是语言成分按照一定的组合性排列方式所形成的关系，而系统则是由一组聚合性单位所构成，这些单位在结构中的特定位置可以相互替换。因此，结构在语言的层面上表现为横向的关系，而系统则体现为纵向的组成要素。

人出生于自然，成长于教养，因此具有发展性和延续性。一个社会的人实际上是一组角色，每一种角色都有自己应该说的台词。语言也有自然性和教养性两方面。语言包括三种含义。①人的本性中有一种渴望和动机，迫使人们使用声音、手势、符号和象征。在这种意义上，语言是一种自然倾向。②由于教养的结果，人们学会了传统的语言系统或说话的习惯，社会活动使这种系统或习惯保持下来。语言是系统的。③人们用"语言"泛指许多个人的话语或社会生活中无数的话语事件。弗斯对唯理主义和行为主义均持保留意见，倾向于采取一种折中的立场，语言既包含先天成分，也涵盖后天成分。

弗斯对语言进行社会学研究是从意义着手的，意义不局限于词汇意义和语法意义，而是包括语言环境中的意义。弗斯把马林诺夫斯基的语言环境概念加以扩展，指出除了语言本身的上下文和在语言出现的环境中人们所从事的活动之外，整个社会环境、文化、信仰、参加者的身份和经历、参加者的关系等，都构成语言环境的一部分。进行语言交流的语言环境使下列范畴之间呈现一定的关系。首先，参加者的有关特征：是哪些人，有何种性格，有何种有关特征，包括参加者的言语行为和非言语行为。其次，有关的事物和非言语性、非人格性的事件。最后，语言行为的影响，这里概述的技术的中心概念是语言环境。语言环境反映了一个人的全面阅历及其所属文化的历史沉淀。在这样一个多维度的语境下，时间的流逝并非线性，过去、当下与未来在此交织共存，共同构建了一个人的语言世界。

语言环境通常都十分复杂，并且无法从中得出一定的规律。针对这种现象，弗斯又进一步创造出典型情景语境这一概念。典型情景语境是指人们在特定场合下所遇到的，或是生活的环境，它决定着人们在社会中所充当的角色。由于人们扮演的社会角色不是固定不变的，所以典型情景语境也有一定的界限。语义学的本质就是要研究适合某些特定角色的语言风格。在弗斯的定义中，语义学问题是对出现在典型语言环境中的话语进行分类的问题，这与其他语言学家的定义完全不同。

从语言环境着手研究语言，最早是从德国语言学家维吉纳开始的，后来还有加德纳。但是，弗斯的语境分析更具体、更深入。在分析典型语言环境时，篇章本身的内部关系包括：①在不同层次上，分析结构的成分间的组合关系；②分析系统中单位或词汇的聚合关系，找出结构成分的价值。

语言环境的内部关系包括：①篇章与非语言成分的关系及总的效果或创造性的结果；②篇章中的"小片段"和"大片段"（如词、词的部分、短语）与环境的特殊组成成分（如项目、物体、人物、性格、事件）之间的分析性关系。在具体层次上进行意义分析，主要包括以下四方面：

（1）语音层次。通过分析语音的位置和与其他音的对立来找出语音的功能。以英语的/b/为例，它出现的位置有以下类型：在词首（如 hed，hid），在元音前面，在某些辅音之前（如 bleed，bread），从来不出现在辅音后面。/b/与其他语音的对立可以这样描写：/b/与/p/、/m/在词首位置有许多相同之处，但/p/和/m/之前可以出现/s/，/b/之前则不能；/p/、/m/与/b/的发音部位相同，但/b/和/p/是双唇音而不是鼻音，/m/是鼻音而不是破裂音；/d/是腭音，它与/b/的对立不同于与其他音的对立。

（2）词汇层次。分析词义，不仅说明这个词的所指意义，还要说明这个词的搭配意义。因此，在多数情况下，词汇的具体含义往往受其所在语境的影响，这种影响是通过词汇间的组合关系来体现的，这种组合关系所表达的含义是一种抽象概念，与直接从概念或思维层面分析词义的方法并不直接相关。

（3）语法层次。语法层次又分为形态学层次和句法层次。在形态学层次上研究词的变化；在句法层次上研究"类联结"，即组合关系，这种关系主要是依靠组成成分实现的。伦敦语言学派语法层次上的"类连词"与词汇层次上的搭配有着相同的作用，都表示相互期待的关系。但是两者又有不同，就是"类联结"中的成分可以是非连续的，如在句子中常常需要将定语从句的连续性的语法范畴隔开。

（4）语言环境层次。主要研究非语言的物体、行为、事件及语言行为产生的效果。在这里需要区分的是指出性和指称性的情境，经济、社会结构等情境，独白、齐声背诵、叙述等情境，用于操练、命令、寒暄的语言，与年龄、性别、谈话人之间的关系有关的一切语言事实。环境是由多重环境构成的体系，每一环境均为更大环境的组成部分，共同构成整个文化环境的有机整体，各自占据特定的位置。

弗斯和美国语言学家布龙菲尔德都反对心灵主义和内省主义，但是布龙菲尔德接受了行为主义，而弗斯并没有接受行为主义，只是受到行为主义的某些影响。布龙菲尔德的情境分析是间接的，语言被看成一种遥控系统，而弗斯的情境分析要更加直接一些，语言是内部心理状态的一种工具。由于人们对自己内部心理状态了解太少，仅仅用无法观察的内在心理过程来解释语言，只能把语言问题看得更加神秘。当然，情境分析也存在着局限性。例如，众多语言行为具备叙述性特征，与环境因素的联系并不紧密。在多种情境中，环境往往只能对语义范畴产生一定的限制作用，而最终仍需要依赖个体的语言能力来进行精确的语义选择。

### 3. 韩礼德的语言观和系统功能语言学发展

韩礼德是当代著名语言学家，他继承和发展了弗斯的基本理论。弗斯的两条基本原则被韩礼德继承了。首先是"情景语境"，语言与典型的社会情境是有密切联系的，而且受其影响。"情景语境"学说被韩礼德进一步发展，并从社会学角度去研究语言，同时将语言中的社会符号学提了出来。其次是"系统"概念，但是他重新规定了"系统"的意义，因此，韩礼德在系统语言学方面影响较大。

系统功能语言学派在全球范围内拥有广泛的追随者，目前已发展成为最具有影响力的语言学学派之一，与生成语法、认知语言学并驾齐驱，各自在不同领域占有重要地位。在系统功能语言学理论模式中，除了"系统"和"功能"以外，还有三个关键词："词汇语法""（语篇）语义"和"语境"，该理论在近 60 年的形成和发展中，可分成三个时期。

第一个时期，20 世纪五六十年代，韩礼德率先把词汇语法纳入语言研究中，这个时期他的主要工作是构建词汇语法。在这 20 年里，系统功能语法的发展又可分三个阶段。在第一阶段，为了较好地处理语言单位之间的关系，也为给以后的系统——功能理论奠定基础，韩礼德建立了一个分析框架。基于对汉语的描写，他建立了"阶和范畴语法"，这一语法理论是系统功能语言学的雏形。语目中有单位、结构、类、系统四个语法范畴，并划出三种抽象的阶，即级阶、说明阶和精密度阶，分别相当于"等级系统""分类学"和"连续体"。级阶是指语言材料是由高阶位单位到低阶位单位组合而成的，具体而言就是，句子/复合句是由词组/短语构成的，词组/短语是由词构成的，词是由词素构成的。说明阶要说明语言材料属于哪种类型的范畴，其单位是词组，其结构是冠词+形容词+名词，其类属于名词词组，其系统属于词组系统（包括名词词组、动词词组、形容词词组、副词词组）。语言学理论应该包含一个由相关范畴组成的体系，其中包含着能够解释语言材料，同时原因材料可以在不同的层次上去进行解释。经过深入分析，"结构"与"系统"为两大核心概念，而语言结构的表层形态则表现为"阶"与"范畴语法"。然而，对于这两者间的内在关联，尚未进行详尽的探讨。

韩礼德区分了表层与深层结构，明确指出"结构"代表"组合关系"，"系统"代表"聚合关系"，此区分表明原先存在的"阶和范畴语法"已经发展成为一种"系统语法"。同时解决了阶与范畴（阶指系统，范畴指结构，系统关系到聚合，而结构关系到组合）之间的关系问题，首要的是系统，它构成了语言中基本的深层关系，而结构是系统的体现，人们要把系统从结构中解放出来。各个独立的系统之间能够相互关联，进而构成一个更为庞大的系统网络。在 20 世纪五六十年代，系统功能语言学开始构建描写词汇语法的普通语言学理论。同时韩礼德把对词汇语法的描写与功能语义联系起来，并且更加重视语言使用的社会环境。在这 20 年里，韩礼德从词汇语法、功能语义到语境的构想方面，已经搭建出了普通语言学理论的框架。

第二个时期，20 世纪七八十年代。在这个时期需要解决的一个重要问题是，如何把词汇语法、语篇词义和语境有机地联系起来，从而建立三者之间的联系体系。词汇语法（作为表达形式）与意义（语义）之间是"体现"关系，体现语言的三大元功能（概念功能、人际功能和语篇功能）是物件系统、语气系统和主位—述位系统，是每一个系统通过不同的词汇语法系统体现出来的。而在这个时候，韩礼德与其夫人又建立了这三大元功能与语境的三个要素之间的联系，即概念功能指向"话语范围"，人际功能指向"谈话人关系"，语篇功能指向"话语方式"，这样，韩礼德建立了词汇语法、语义和语境之间的一个对应"体现"关系。具体而言，语境通过语义得以体现，而语义则通过词汇和语法得以表达。在他的语言学理论中，词汇语法、语篇语义和语境被紧密地联系在一起，共同构成了一个完整的体系。

但是，语义和词汇语法之间并不是简单的一一对应关系，也会出现各种复杂的情况，即语义由"非一致式的词汇语法形式体现"。例如，某个概念对应的一致性的体现是一个物质过程，也可能体现的是一个心理过程，后者就是一种不一致的现象。韩礼德语法隐喻的概念用来解释非一致性问题。字面意义与隐喻实现的意义的不同，在于语义同词汇的迥异。语法用法隐喻就是用不同的语法结构表达相同的意义，主要包括：一是概念隐喻，二是人际隐喻。在概念隐喻中，一个过程可以隐喻为另一个过程，并随着这个过程进行转换。同时，各个小句中的功能成分，如参与者、过程、环境因子等因素，都可以相互隐喻化。在词汇语法层体现的时候，被转化的功能可以从一个形式，如短语、词类等方面，隐喻为另一个形式。在人际隐喻中，要区分情态隐喻和语气隐喻，有多种方式可以表现情态的体现形式，如情态动词、形容词、副词、名词等，但是语气隐喻可以有多种言语行为进行相互转换。因此，从不同层次上进行的重组可以被视为语法隐喻，这一过程是通过词汇语法的重新组合来体现语义的。必须明确指出，语法隐喻的实现得益于语言的层次化结构。

解决了这些问题之后，功能语法也慢慢进入了成熟阶段。在这个时期，小句之上的语篇语义的研究有了很大进步。而这个时期的语法研究，也从词汇语法方面一直向上扩展到语篇语义和语境的论述，精密度也有很大幅度的延伸。但是，现有的系统功能语法更多的是关注小句的论述，对于如何解释和论述语篇层面上的意义就成为一个需要解决的问题。衔接理论论述了英语语篇中词汇语法系统如何体现"衔接"。鉴于句子间的逻辑连贯性需求，重点探讨超越单个句子的语法单位，这些单位作为构建完整篇章的语言基础，其特性为非结构性。从这一视角出发，结构性资源主要由较小的语法结构承担构建任务，而非依赖衔接机制。因此，20世纪七八十年代，小句系统的功能语法已经相当成熟了，对于词汇语法的论述也具备了相当完善的系统性和整体性，于是建立了词汇语法、语篇词义和语境之间的体现关系，这样，对于语言的论述从词汇语法逐渐扩展到语篇语义，从而进一步推动了对语境的论述。

第三个时期，20世纪90年代至今。20世纪90年代以来，功能语言学对于词汇语法的论述在精密度上呈现出三个趋势：①对"词汇—语法"的描写出现了分工；②对语言的系统论述和功能论述更加精密；③对语言的论述从英语扩展到其他语系。小句的系统网络中词汇语法的论述精密度逐渐得到延伸，从而构成越来越细密的系统网络。

韩礼德等学者的研究，从个别语言的探讨起始，逐步扩展至不同语言的比较，并最终深入语言类型的分类，每一步都为普通语言学理论的构建提供了有力的证据与基础支撑。但是实际上，在这个阶段，系统功能类型学已经被系统功能学者逐渐建立了起来，并朝着建立功能语义学的方向迈进。"此时，马丁等人着手构建语篇语义的系统，主要是为了解决类似小句语法与衔接理论之间的综合性问题。"① 他们着重描写了语篇语义系统，特别是人际语篇语义的内容，而且表明了人际意义的三个系统是"评价系统""协商系统"和"参与系统"，其中对评价系统，也就是评价分析框架的论述最为完善和系统。以评价系统为例，该系统在处理评价时，并不涉及级阶的问题，因此无须将文本细分为小单位。用户可以选择对整个语篇进行分析，或者选择分析小句、词组、词汇等任意单位。评价分析过程完全基于释义，不同用户可能会产生不同的观点和理解。表达意见时包括三个维度：程度、态度、承诺。程度是指表达时的肯定程度或激烈程度；态度是通过评价、欣赏或感情来表达；承诺是指可以对某个观点表示否定、支持、远离、中立等。这个时期在语境的研究方面获得了突破性进展，主要是两个描写维度：一个是关于语境层次方面的发展，其中描写了对语境进行的层次化；另一个是"例示化渐变体"对语境的描写。

马丁把语境本身看作意义系统，即把语言的意义系统视为表达层，并把语境层次视为意识形态、语类、语域。当话语范围、话语方式、谈话人关系给定之后，所能使用的语体也就决定了，这种语体叫作"语域"。例如，教师在讲授语

---

① 杨静. 现代语言学流派与英语教学探究 ［M］. 北京：中国商业出版社，2019：43.

言学课程时，采用英语作为主要教学语言。在此情境下，话语内容严格限定于语言学的专业范畴内，以口头表达的方式传达给学生。在此过程中，师生间形成了明确的教学关系。为了确保教学内容的准确性和严谨性，教师应使用正式且专业的英语语体进行授课。

意识形态、语类和语域分别位于三个层面。处于最低层面上的是语域，由话语范围、话语方式、谈话人关系规定着，并分别和语言的三大元功能（概念、人际和语篇）相对应。通过社会意义资源使用的"目的取向"，语域才形成了最高层面上的意识形态，也就是社会中意义资源的不均衡性表征。关于这三个层面，处于中间层面的语类是目前研究得最多的，其中最引人瞩目的是以马丁为代表的悉尼学派的研究（如马丁与罗斯对语类关系的研究）。目前，马丁的评价系统使用最广泛。马丁的评价系统受到层次语法和哈桑的语篇语义学的影响，属于语篇语义理论，结合三大元功能描写语篇的组织结构。人际方面特别包括协商（双方交流思想）和评价（双方协调他们的态度）。在概念层面，涉及将个体的经验整理为与人物和事件紧密相关的活动，并将这些活动以有机的方式相互关联。而在语篇层面，涵盖介绍人物、地点和事件，以及根据信息板块来组织整个语篇的内容。

从观察者的角度，可以把语境看作一个例示化渐变体，其中一端是系统，也就是文化语境；另一端是系统的例示，也就是情境语境。文化语境是情境语境中的一个系统终端，而情境语境是文化语境的例示，这个例示化渐变体的中间单位是机构与情境类型。从文化语境一端而言，机构是文化语境的一个下属系统，但是从情境语境而言，情境类型也就是例示类型，是对情境的概括。韩礼德通过例示化渐变体的方式，将语篇与其背后的潜势，即语言系统，紧密地联系起来，这种联系体现了系统和语篇之间的紧密关系，它们共同构成了例示化渐变体上的两个端点。其中，一端是语言系统，另一端则是具体的语篇，这种关系的建立，有助于人们更深入地理解语言系统的运作机制及语篇的生成过程。

例示化渐变体这个说法在后来又得到了进一步阐释和细化。随后，韩礼德从"计算意义"的立场出发，构建了"层次化—例示化矩阵"，从而把层次化角度的"词汇语法→语义→语境"和例示化角度的"系统—子系统/例示—类型/例示"联系起来，这个描写模式对于语言意义系统的计算及最终的意义生成至关重要，为其提供了理论描写方面的支撑和基础。

自从进入20世纪90年代，对于词汇语法的描写，系统功能语言越来越细致了，并勾勒出系统功能类型学的研究纲领；对语篇语义的研究着重探讨语义系统的描写；对语境的研究中，认识较以往更加清晰，同时为语言学相关的其他方面的研究提供了支持。但是从整体趋势上而言，系统功能语言学已经从词汇语法扩展到了语篇语义，慢慢又扩展到对语境的研究。从宏观角度而言，系统功能语言学的发展轨迹表现为，其起始于对小句层面的语法研究，随后逐步扩展到对整个语篇的语法分析，而现如今，该领域正致力于构建更为深入和细致的语境语法研究。

系统功能语言学与其他语言学理论有许多相同之处，它不仅研究了语言的性质、语言过程和语言的共同特点等根本性问题，还探讨了关于语言学的应用方面的问题。在系统语言学中，它主张描写主义，反对规定主义。系统语言学家的理论目标是要使自己的理论确有见地，内部紧凑，前后一致，清楚明白。语言学是一门独立的学科领域，同时亦与其他学科保持着紧密的学术联系。在系统功能语言学的范畴内，其与层次语法和法位学语法的理论观点较为接近，而与转换生成语法的理论观点则存在显著的区别。

# 三、结构主义语言学流派

结构主义是 20 世纪初诞生的一个共时语言学分支，它在人类学家博厄斯的领导下，形成了完全不同于欧洲传统的风格。两千多年前欧洲的语言学就开始出现了，而美国的语言学则是在 19 世纪末才出现的。在欧洲，很多国家各自拥有独特的官方语言。相比之下，美国则主要以英语为官方语言，其文化背景与欧洲传统存在显著差异。对于语言学的探索，人类学家始终保持着浓厚的兴趣。他们注意到，印第安人的土著语言正面临消亡的威胁。因此，为了保留这些珍贵的语言遗产，必须及时对其进行记录和整理。

## （一）博厄斯和萨丕尔流派

作为北美人类学专家，在语言学的研究方面，博厄斯没有受过任何正规训练，他自学成才，成为一个语言学家。语言具有普遍性，世界上不存在最理想的语言形式，因为人类的语言是无穷无尽、千差万别的，尽管一些原始部落的语言结构似乎非常武断，甚至不合理，但这种判断没有丝毫事实依据，因为对原始部落成员而言，印欧语同样没有道理。种族的进化和文化的发展与语言形式之间实际上没有必然的联系，鉴于历史演变，原本同族的人群开始采纳各异的语言表达，同时，一种语言也可能被多个种族共同采纳和使用。即便是在同一语系内，语言的使用者亦可能拥有各自独特的文化特色。因此，语言之间的差异主要体现在其结构层面，而不应被简单地划分为合理与否或发达与否的对立关系。

　　描写语言学的框架主要包括三方面：①语言的语音；②语言表达的语义范畴；③表达语义的语法组合过程。每一种语言都有自己的语音系统与语法系统。对要研究的语言而言，语言学家最重要的任务就是要概括语言的特殊语法结构，并分析语言的特殊语法范畴。因此，他没有采取跟英语或者拉丁语等语言比较的方法，而是用分析法来处理美洲印第安语的数据。博厄斯秉持人类学的视角，将语言学视为人类学领域的一个分支，而未将其独立确立为一门学科。观察与描写语言的方法为描写语言学的发展奠定了基础，并对多代语言学家产生了深远影响。

　　与博厄斯一样，萨丕尔也是一位杰出的人类语言学家。在和博厄斯见面之前，萨丕尔正在攻读日耳曼语硕士学位，自信能够非常好地理解语言的本质。但当他遇到博厄斯之后才发觉，自己似乎仍有很多东西需要学习。于是，他按照博厄斯的方法，通过具有自身文化背景的当地人，开始调查美国印第安语。对萨丕尔而言，这是一次前所未有的体验，摒弃了传统方式，将印欧语法范畴应用于其他语言领域。萨丕尔的学生沃尔夫继续发展了他关于语言与思维的理论，该理论被称为"萨丕尔—沃尔夫假说"。

　　萨丕尔从人类学的观点出发去描写语言的本质及发展，给语言学提供了一个适当的研究视角，而非收集语言事实，它很少涉及言语的心理基础，对那些特殊的语言也仅仅给出充分的现实描写或历史事实而言明原则，其主要目的在于，说明他是怎么看语言的，语言因时因地的变异有哪些，它与人类所关心的其他问题——思维问题、历史过程的本质、种族、文化、艺术——之间是什么关系。他把语言定义为纯粹属于人的、非本能的、通过自觉制造出来的符号系统，是交流思想、情绪和欲望的一种方法。尽管语言和意义之间存在紧密的联系，但它们并非必然共存。语言是一种工具，而思维则是其产物。因此，没有语言，思维便无法存在。尽管语言和意义在某种程度上可以相互结合，但它们并不等同，也不能被相提并论。

　　语言的普遍性特征。无论一个民族和部落是多么野蛮，多么落后，都有属于自己的语言。虽然各种语言在形式上存在显著的差异，但它们的核心架构，包括明确的语音体系、声音与意义的紧密结合，以及表达各种关系的多样化手段等，均展现出了高度的发达性。语言作为人类最古老且珍贵的遗产，其重要性不容忽视，因为缺少了语言，文化便无从谈起。

## （二）布龙菲尔德流派

布龙菲尔德是美国描写语言学的主要代表，在美国语言学历史上是一位标志性的人物，而且 1933—1950 年这段时间还被称作"布龙菲尔德时代"。与此同时，描写语言学开始正式形成并发展到了顶峰。语言学是心理学的一个分支，是心理学中有实证特征的行为主义的一个分支。行为主义是一种科学研究的方法，在语言学中，儿童是通过一系列"刺激—反应—强化"来学习语言的，但成年人使用语言是一个"刺激—反应"的过程。行为主义的方法论进入语言学之后，在语言学研究中的普遍做法是，为了获取准确可靠的语言事实描述，应专注于听取并理解本族语言者以其母语自然表达的语言情况，而非过分关注他们对于自己语言的主观观点。为达成此目标，观察说话者在自然语境中自由陈述的语言至关重要，而非仅仅依赖通过询问所获得的语言描述。

布龙菲尔德论述了语言学在语言教学方面的应用，与此同时批判了传统语法。十八九世纪的语法学家大部分都在为英语制定各种规则，真正的英语包括所有的变体。传统语法学大部分都是规定性的，在语言教学中，应该把发音放在首位，而不是过多地关注文字形式。学习语言的过程需要持续不断的实践与应用，而不仅仅是传授语法知识，必须转变方法，注重实践与应用，让学生在真实的语境中学习和运用语言，从而真正提升他们的语言水平。

## （三）后布龙菲尔德时期语言学

20 世纪 50 年代，随着电子计算机的出现，一些语言学家开始意识到普通语言学研究的正确目标是发明一套明确的"发现程序"，通过计算机去处理各种语言的原始数据，重点是在没有语言学家干预的前提下形成一套完整的语法体系。在后布龙菲尔德时期，人们是通过对所有数据进行一系列恰当的操作而发现语法的。人们必须从作为音位的语音流入手进行语音分析，因为语料数据库是由言语组成的。不同类型的结构是由音位构成的，所以它们可以被分类为最小的可以重复的排列，或者是语素形式，它们都是同一语素的成员。在语言学领域，语言学家的核心职责在于深入探究语言的构成元素，即语素，并揭示这些语素如何组合以形成语法规则。随着后布龙菲尔德时代的来临，语言学家们开始对话语层面进行深入研究，以探索并建立描述句子及其以上结构层次的系统方法。

哈里斯针对语言学研究中的发现程序，提出了最为完整和最为生动的表述，主要的特点就是精确的分析手段和高度的形式化。以分布关系的逻辑作为结构分析的基础，哈里斯建立了一整套严格的描写语言的技术，但是他也因此而受到批评。哈里斯的理论是循环的，单位来自分布，但是分布又会依赖环境，环境又是由单位组成的。

霍凯特是一个语言学家，也是一个人类学家，他在音位学、语素分析、语法解构及普通语言学等多个领域均做出了杰出的贡献，并坚定地维护结构主义的立场。

派克是在霍凯特之后结构主义传统中最为杰出的人物。在语言学分析的手法——法位学方面，派克和他的后继者声誉卓著。任何一种语言都有自己独立的不依赖于意义的等级系统。不仅语言方面存在着等级系统，世界上的一切事物都是有等级系统的，它们可能是从小到大，从下到上，从简单到复杂，从部分到整体，进而被分成若干不同的等级。音位、语法和指称是语言中三种互相关联的等级系统，这三种等级系统中的每一个层面都有四个具有以下特征的语言单位，即轨位、类别、角色和接应，这些基本单位可以称为语法单位，简称为"法位"。通常情况下，轨位规定某个法位在它所在的结构中占据的是核心地位还是外围地位。主语轨位、谓语轨位、宾语轨位及附加语轨位统称为"轨位"。类别是用来区别在这个轨位上的语言实体具体是什么，如词缀、名词、名词短语、动词词根等。角色表示这个法位在结构中的功能，动作者、受事者、受益者、协同者、方位、时间等。接应则表明该法位是支配其他法位还是受其他法位支配。提供一套能够把词汇、语法和语音信息综合在一起的理论是法位学的最终目的，该理论的基础有如下假设：在语言中存在各种各样的关系，这些关系都能被分析成不同的单位。然而，要相信语言是人类行为的一部分，就需要认识到语言不能被严格地形式化。因此，一个表达系统必须能够全面诠释语言中涉及的所有相关事实。法位学的多元目标可通过不同的模式加以体现，且并不局限于仅采纳唯一正确的语法或语言学理论。

兰姆从20世纪50年代开始，一直在含有三层次（音位、形素、形态音位）的语言学模式中研究自己的理论，这就为他的层次语法奠定了基础。虽然关系系统不可直接观察，但语言学家必须观察实际使用中的语言结构是如何体现系统的。通过分析语料，语言学家必须构建出代表其潜在关系系统的表达式。语言学分析最好被理解为一个简化过程，这是一个具有简化与概括双重性质的过程。第二个表达式比第一个简单，而且含有一个它所没有的概括。因此，语言学家可以像学生做代数一样研究语言。语言的本质就是把声音与意义结合起来，或把意义与声音结合起来。尽管关系错综复杂，但可以将其视作一系列相互关联、层层嵌套的层次系统。每个层次系统均具备独特的结合规则，且各层次间在相互关联的基础上实现有序连接。

在许多层次中，有四个主要层次，自上而下依次是义位层、词位层、形位层、音位层。每个层次上的每个成分都是由更小的"子"单位构成，如义子、词子、形子和音子。层次语法通过节点和线把层次上的所有关系连接在一起，把语言分析带入一个关系网络。语言中的各种不同关系都是用关系网络中的三个模型来实现的：交替模式、配列模式和符号模式。尽管兰姆先生对于语言中具体包含多少个层次无法给出确切答案，但通过对语言进行层次分析，似乎能更加清晰地揭示声音与意义之间的内在关联。

# 四、转换生成语言学流派

20 世纪 50 年代后期，一位用结构主义方法研究希伯来语的学者——乔姆斯基发现，如果只是按照分布与替换原则对结构成分进行分类，这种方法会有很大的局限性，因此，他逐渐建立了转换生成语法。

## （一）天赋假设

语言是人类某种天赋，儿童天生就具有学习语言的能力，被称为"语言习得机制"。关于基本的语法关系和语法范畴的知识，儿童生来就有，而且这种知识是普遍性的。语言学的研究有助于深入探索人类大脑的内在机制，这种方法在心理学和哲学领域具有独特的价值，它挑战了心理学上的行为主义和哲学上的经验主义，为语言学在心理学领域的发展奠定了坚实的基础。通过语言学的研究，人们能够更全面地理解人类思维和行为的本质。

乔姆斯基的天赋假设建立在他自己的观察之上，即一些重要的事实不能用其他的方式来解释：首先，儿童学习母语非常快而且毫不费力。考虑到小孩子智力尚不成熟，还不能学习任何其他科学知识，那么他们学语言的速度的确令人吃惊。儿童习得母语都是在完全没有正式、明确的讲授下进行的。输入的是零碎的语料，输出的却是完美的语言系统。其次，儿童学习母语的环境差异悬殊。他们也许很擅长于不同的事物，但是他们在第一语言习得上差异极小。最后，儿童在一个相对有限的时间里掌握语言中的全部语法，不但能够造出句子，而且能够理解自己听到过的句子和以前从未听到过的句子，可以看出他们所掌握的其实就是一套规则。尽管婴儿在出生时并未掌握语言能力，但他们天生具备逐步习得语言的能力，这与他们天生具备学会行走的能力相类似。

语言习得机制主要包含进行假设的机制、语言普遍性和评价程序三个方面。儿童会从身边的言语中寻找规律性，同时会以更多的语言信息为基础进行合理的猜想和假设。但是，儿童如果要做到这一点就需要语言习得机制中的假设机制。然而，有时候两个或更多的假设会概括同一个语言事实，而只有其中一种更简单、更好，针对儿童接触到的语言，存在多套不同的语法描述和解释。为了解决这个问题，儿童需要拥有一个评价程序，该程序能够协助他们在众多可能的语法中做出明智的选择，这一评价程序对于儿童的语言学习至关重要，它有助于他们理解并掌握正确的语法规则，从而更好地理解和运用语言。

### （二）生成语法

生成语法一词表示一套用来给句子进行结构描写、定义的明确、严格的规则系统。任何一种语言的说话者都掌握而且内化了一种有生成能力的语法，从而借这套语法表达他的语言知识。于是，生成语法试图明确说明说话者实际了解、掌握哪些内容，而不是依据自己掌握的东西去描述哪些内容。

生成语法是要揭示个别语法与普遍语法的统一性，而不是局限于对个别语言的研究。为了最终揭示人类认知系统和人的本质规律，生成语法不是以描写某一具体语言为目的，而是为了探索语言的普遍规律。为了达到这一目的，乔姆斯基提出从"观察充分性""描写充分性"和"解释充分性"三个不同的层面来评价语法。在观察充分性这个层面上，语法能够对原始的语言材料做出正确的解释。在描写充分性这个层面上，语法能够正确解释原始的语言材料及说话人和听话人的内在语言能力。在解释充分性这一核心层面上，一个完备的语法描述不仅需要展现语言能力，还须将其与普遍语法相关联，并进而与人类认知系统中的初始状态等因素相联系，这样，人们可以更全面地揭示人类认知系统的内在机制。

在对很多语言进行成功的描写及将人类语言的普遍特征进行概括之后，人们才可以对含有普遍语法的人脑之初始状态进行探求。从某种意义上而言，语言学家所进行的工作正好和儿童习得母语的程序相反。儿童基于普遍语法向个别语法进行发展，语言学家则要在个别语法里发掘普遍语法。布龙菲尔德对数据的发现程序很看重，乔姆斯基则不同，他对"假设—演绎"的方法非常认可，这样的研究方式被称为"评价过程"。结构主义语法的直接成分分析模式虽然可以揭示一些结构特征，但是仍然存在一定欠缺。转换生成语法不仅限于描述句子的表面结构，更能深入解析句子内部的语法关系，故相较于直接成分分析，其更能贴近语言的本质。

### （三）古典理论

在古典理论里，乔姆斯基的目标是将语言学转化为一门科学。该套理论的特征主要体现在：①语言的生成能力；②引入了转换规则；③语法描写中不考虑语义。除此之外，乔姆斯基还提出了三套语法，即有限状态语法、短语结构语法和转换语法。有限状态语法是语法中最简单的一种，它以有限的装置生成了无限的句子，但是句子的结构并不复杂。人们能够以从属关系来证明有限状态语法并不充分。英语并非有限状态语言，无法制定出完备且观察充分的有限状态语法规则。乔姆斯基提出构建此类语法的尝试，旨在证明，依赖从左至右的程序组织语言方式研究自然语言是不切实际的，此方法无法有效应用于自然语言的研究领域。虽然这种理论能用来描写"刺激—反应"的学习过程，但无法对人类认知系统的复杂性进行解释。

语法被看作是一个可以用有限的规则生成无限数量句子的系统，而且这些规则要满足以下要求：①生成性，即规则可以自动生成和语法相符的句子；②简单性，即规则要用公式及符号来表示；③明确性，即所有的表述不可以不清不楚，一定要准确严格；④穷尽性，即规则要对全部语言事实进行概括，不可以有遗漏；⑤回归性，即规则要可以重复使用，得以生成无限数量的句子。

### （四）标准理论与拓展的标准理论

要想使标准理论目标成功实现，必须解决一些重要的问题，主要包括：第一个问题就是转换规则的力量太大，可以随便地改变普通的句子，将其改为被动式、否定式，还能够增减成分；第二个问题是其规则可以同时生成合格的句子及不合格的句子、名词和动词两者之间存在着某种选择规则；第三个问题是不可随意运用被动语态的转换规则，这主要是因为在英语里部分动词没有被动结构。运用转换规则不能使原句的意义改变，而且名词一定要在动词的限制之下。生成语法的组成部分应该主要包括三方面，分别是句法部分、音系部分和语义部分。句法部分又被称为"基础部分"，其包括词库和改写规则，改写规则将句子的深层结构生成出来，转换规则再将深层结构变为表层结构。在语言学的研究中，语义部分专注于对深层结构进行基于语义的解释，而语音部分则致力于从语音层面对表层结构进行解读。

在扩展的标准理论中，乔姆斯基修正了两次，其中，第一次修正被称为"扩展的标准理论"，而第二次修正被称为"修正的扩展标准理论"。虽然标准理论已经修正了古典理论，但存在的问题主要包括以下几方面。①转换规则依旧力量过大，可以移动语言或者删除语言片段，使语类范畴得到改变，从而使原义得以保持不变，还可以基于具体的情况随机地进行变化。②语义解释是由深层结构决定的，转换不会对句子的意义产生改变。然而这是不可能的，所有转换都一定会产生意义的改变。③派生名词与相关动词具有相同的语义属性。派生名词及动词之间的相关关系很不规则，在句法特征方面不同，并且语音和语义关系同样不规则，难以进行概括。

### （五）管约理论

乔姆斯基的转换生成语法在 20 世纪 80 年代的时候进入了第四发展阶段，即"管辖和约束理论"（以下简称"管约理论"）的阶段，这一理论包括 X-杠理论、主位理论、界限理论、管辖理论、格理论、控制理论和约束理论。尽管扩展标准理论已经涵盖了除主位理论之外的其他各项内容，但管约理论仍对扩展标准理论中的讨论进行了进一步的深化和补充。管约理论使人们的注意力产生了变化，并将其引到了一个新方向上，那就是语言里的"空语类"，通过它可以对语言机制进行进一步的认识和了解，但无法确定这些和空语类有关的原则是不是适用于所有语言，空语类的类型和性质是不是具备普遍性。

之所以产生最简方案，是因为两个相互联系的问题：①人类语言能力应该共同满足的普遍条件；②如果不考虑普遍条件以外的特殊结构，语言能力在何种限度上取决于这些普遍条件的支配。相比管约理论，最简方案具有很明显的变化，主要包括：①它抛弃了管约理论里部分分离式的分析模型，同时取消了表层结构及深层结构这两个分析层次；②被抛弃的还有管约理论里的重要概念也就是"管辖"，经过多次修正后，原本以管辖理论阐述的语言事实已被新的概念所替代。因此，管辖理论在普遍语法体系中的地位已从子系统转变为输出条件的一种解释性制约。

从 20 世纪 90 年代末开始，乔姆斯基对最简方案的动因再一次进行了思考，以便给出一个更加明确的解释。人类的语言都是一样的，但得到不同语言的状态是不一样的。普通语法是对初始状态进行研究的理论，个别语法是对具体语言获得状态进行研究的理论。语言能力包括一个认知系统，可以把意义、结构及声音等信息储存起来，语言运用调取并使用这些信息。乔姆斯基想象了一个实例，某一种可与人相比的灵长类动物，仅仅缺少语言能力，假定发生某件事给了它语言能力重新组织了它的思维。一方面，新机制要能够顺利运行，必须满足"易理解条件"，同时思维或大脑的其他系统必须能够理解新机制所生成的表达；另一方面，新机制所发出的指令必须得到思维或大脑其他系统的辨识与接纳。鉴于此，乔姆斯基提出了一个根本性的简约观点，即语言机制是解决易理解条件问题的理想途径。

转换生成语法的发展可以被看成持续简化理论及对生成力进行控制的过程，最简方案和最简探索只是该过程中一些符合逻辑的步骤。转换生成语法虽然历经不断的提出、修正和取消许多具体规则、假设、机制和理论模型，但其核心宗旨始终未变，即致力于深入探索人类语言的本质、起源及语言知识的运用。

## 第二节　现代语言学的教学启示

随着科技的飞速发展和全球化的深入推进，语言学作为一门研究人类语言现象的科学，正日益受到广泛关注。现代语言学不仅涵盖了语言的起源、发展、变化等多个方面，还涉及语言与社会、文化、认知等复杂关系的探讨，这一学科的深入发展，不仅为人们揭示了语言的本质和规律，也为教育教学提供了宝贵的启示。

## 一、现代语言学对多元教学的促进

现代语言学作为一门探究人类语言现象及其规律的学科，早已超越了传统语言学的范畴，其研究触角已深入语言的各个层面，既关注语言的共性，也注重语言的个性，这一理念的提出不仅为人们揭示了语言的多元性和复杂性，更为人们在教育领域的实践提供了深刻的启示。语言的共性是指不同语言之间存在的普遍规律和共同特征。例如，各种语言都具有语音、语法、词汇等基本结构，都承载着人类的思维和文化。然而，语言的个性则体现在不同语言在结构、功能、用法上的独特性，以及它们与各自文化背景之间的紧密联系，这些个性使得每种语言都成为一个独特的符号系统，反映出其所属社会的历史、文化、价值观和生活方式。

正是基于这一认识，教师在教学中应更加注重多元化教学，尊重并包容不同语言和文化背景的学生。每个学生都来自不同的语言和文化背景，他们对语言的认知和理解往往受到自身文化的影响。因此，教师在进行教学时，不应仅仅局限于传授语言知识本身，还应注重培养学生的跨文化意识和能力，帮助他们拓宽视野，增强对不同语言和文化的理解和尊重。

在多元化教学的实践中，可以采取多种措施。首先，可以引入多种语言教学资源，包括不同语言、不同文化背景的教材和案例，这些资源能够让学生接触到更多的语言现象和文化知识，从而拓宽他们的语言学习视野。例如，可以选用来自不同国家的文学作品、电影、音乐等作为教学材料，让学生从中感受到不同文化的魅力。其次，可以开展跨文化交流活动。通过组织学生参与国际交流项目或合作研究，让他们有机会与来自不同文化背景的人进行交流与合作，从而培养他们的跨文化交际能力，这种交流不仅能够提升学生的语言能力，还能够增强他们的文化敏感性，使他们能够更好地适应全球化时代的挑战。最后，教师可以运用现代技术手段来丰富多元化教学的形式和内容。例如，可以利用在线教学平台为学生提供丰富的学习资源，让他们随时随地都能够进行自主学习；还可以利用虚拟现实技术为学生创造沉浸式的语言学习环境，让他们能够身临其境地感受不同文化的氛围。

通过多元化教学，教师可以帮助学生拓宽视野，增强对不同语言和文化的理解和尊重，不仅能够提升他们的语言水平，还能够培养他们的跨文化意识和能力，使他们成为具有全球视野的优秀人才。同时，多元化教学也能够激发学生的学习兴趣和动力，提高他们的学习效果和综合素质。在全球化日益加剧的今天，这种能力的培养显得尤为重要。现代语言学的研究不仅关注语言的共性，也注重语言的个性，这一理念为教师在教育领域的实践提供了深刻的启示，应注重多元化教学，尊重并包容不同语言和文化背景的学生，通过引入多种语言教学资源、开展跨文化交流活动及运用现代技术手段等方式，为学生创造一个更加开放、包容和多元的语言学习环境。

## 二、现代语言学对语言教学评估的优化

现代语言学在教学领域的崭新视角不仅重新定义了语言教学的过程和方法，同时也为教学评估的改进提供了新的方向。在传统的教学模式中，教学评估通常着重于考查学生对语言知识和技能的掌握情况，这种方式固然有其合理性，但却

忽略了对学生语言运用能力和综合素质的全面评估。现代语言学的研究与实践启示人们，教学评估应当更加注重学生的全面发展，并采用多元化的评估方式。

第一，形成性评估在教学评估中的重要性逐渐凸显。形成性评估不仅是对学生最终学习成果的一次性评价，更是对学生学习过程的持续关注与反馈。通过记录学生在学习过程中的表现、收集他们的作品、倾听他们的反思等材料，教师可以更加全面地了解学生的学习情况和需求，从而为他们提供更为精准和及时的指导。这种评估方式能激发学生的学习动力，提升自主学习能力，促进全面发展。

第二，表现性评估在评估学生的语言运用能力方面发挥着不可替代的作用。与传统的笔试评估方式不同，表现性评估更加注重学生在实际语言运用中的表现。通过组织口语表达、写作、翻译等实践活动，教师可以观察学生在真实语境中如何运用语言，以及他们的综合素质如何，这种评估方式不仅更加贴近实际，而且能够更准确地反映学生的学习成果，为教学提供更为可靠的依据。

第三，现代语言学提倡在教学评估中引入自我评价和同伴评价等方式，让学生更多地参与到评估过程中来。通过自我评价，学生可以更加深入地反思自己的学习过程和成果，发现自己的优点和不足，从而调整学习策略，提升学习效果。而同伴评价则为学生提供了一个相互学习和借鉴的平台，通过评价他人的作品，学生可以从中汲取灵感，发现自己的不足，并在互相学习的过程中共同提高语言运用能力。

总而言之，现代语言学对教学评估的启示是多方面的，它不仅要求评估方式的多元化，还强调评估过程中学生的参与和反思。通过形成性评估、表现性评估、自我评价和同伴评价等方式的综合运用，可以更加全面、准确地评估学生的学习成果，为他们的全面发展提供有力的支持。同时，这种评估方式也有助于教师更好地了解学生的学习需求和问题，从而调整教学策略，提升教学质量。

## 三、现代语言学对语言教学的启示和展望

随着现代语言学领域的日新月异，未来的语言教学无疑将置身于一个充满机遇与挑战的新时代。科技的飞速进步给语言教学带来了前所未有的智能化和个性化教学手段，使得教师能够更加精确地满足学生的学习需求，并提供科学、高效的教学评估。

以人工智能为例，这项技术已广泛应用于语言教学的多个方面。智能语音识别技术能够帮助学生更准确地掌握发音；自然语言处理技术则可以助力教师实现个性化课程设计，让每个学生都能享受到量身定制的学习体验。此外，大数据技术的应用使得教师能够实时监控学生的学习进度和效果，为教师提供及时、准确的教学反馈，从而调整教学策略，实现教学效果的最大化。在全球化的浪潮下，跨文化交际能力已成为现代人才必备的核心素养。因此，未来的语言教学将更加注重培养学生的全球视野和跨文化沟通能力。通过引入多元文化元素，让学生在语言学习的过程中感受不同文化的魅力，提升他们的文化敏感性和包容性。同时，通过组织丰富的跨文化交流活动，让学生在实践中锻炼自己的跨文化沟通能力，为未来的国际交流与合作奠定坚实基础。

面对新时代的挑战，未来的语言教学需要不断创新和发展。教师应勇于尝试新的教学方法和手段，如在线教学、混合式教学等，以满足学生多样化的学习需求。同时，教师还需要加强与其他学科的交叉融合，借鉴其他学科的理论和方法，为语言教学注入新的活力。例如，结合心理学、教育学等学科的理论，探索更加符合学生学习规律的教学方法；借助计算机科学、人工智能等领域的技术，开发更加智能、高效的教学辅助工具。

总而言之，未来的语言教学将是一个充满机遇与挑战的新领域，教师需要紧跟时代步伐，不断创新和发展，为学生提供更加优质、高效的语言教学服务。同时，教师还需要加强跨学科合作与交流，共同推动语言教学事业的繁荣与发展。只有这样，才能培养出更多具备全球视野和跨文化交际能力的新时代人才，为构建人类命运共同体贡献力量。

# 第三节　语言学与外语教学实践

## 一、语言学的教学实践

语言学作为一门研究语言结构、功能、演变及与社会文化交互作用的学科，在教育教学领域占据着举足轻重的地位。随着全球化的推进和信息技术的飞速发展，语言学的教学实践面临着前所未有的挑战与机遇。

## （一） 语言学的教学实践大纲

### 1. 语言教学实践大纲设计的过程

从语言教学角度而言，教学实践大纲对保障教学质量十分重要。教学大纲是将教学理论与教学实践结合起来的重要因素。通常情况下，语言教学大纲的设计主要包括教学内容的选择与排列。

（1） 选择教学内容。一门语言包含的学习内容十分庞杂，在设计教学大纲时，要合理选择教学内容。教师在选择教学内容时可以参考以下两个标准：①将所要学习的语言范围缩小到一定的区域；②在此区域内选择合适的语法、语境、语汇和文化等进行教学。设计者的主观意愿往往会影响教学内容的选择。若设计者倾向于结构主义语言学，其在教学内容的选择上，势必会侧重于该领域的专业知识；若设计者偏好功能语言学，则在教学内容的选择上，往往会聚焦于语言功能及概念等相关知识。

（2） 排列教学内容。排列教学内容是设计者完成语言项目选择之后的下一个任务。合理排列教学内容通常被称为"分级"，该过程包括两个步骤：①为语言项目规定合理的教学期限，以课时、天、星期、月份、学期、年等为单位，该步骤又被称为"分阶段"；②明确语言各个项目的排列顺序，即"排序"。

在上述过程中，语言学的作用主要体现在：①语言学描述了第二语言，并解释了语音、词汇、语法、文化等是如何在整个语言系统中发挥作用的；②教学计划的制订需要参考语言学的分类。需要明确的是，排列教学内容并不是将语音、词汇、语法、文化等分开教学，而是对语言进行整体的教学，并非安排教学的步骤。

### 2. 语言教学实践大纲设计的趋势

语言教学实践大纲设计的趋势是随着时代的演变和社会需求的变化而不断发展的。随着全球化的加速和信息技术的日新月异，人们对语言学习的需求和期待也在不断改变，这种变化直接影响了语言教学大纲的设计理念和内容安排。以我国英语教学大纲的发展历程为例，来深入探讨语言教学大纲设计的趋势。

在过去，我国语言教学实践大纲的设计主要侧重于语言知识的传授，如词汇、语法和阅读能力的培养。然而，随着时代的进步和国际交流的增多，人们开始意识到单纯的语言知识学习已不能满足现实需求。因此，现代语言教学实践大纲的设计更加注重培养学生的实际语言运用能力和跨文化交际能力。

近年来，语言教学实践大纲的设计出现了以下明显的趋势。首先，强调语言学习的实用性。大纲中增加了更多与现实生活和工作场景紧密相关的内容，如商务沟通、旅游英语等，旨在提高学生的语言实际应用能力。其次，注重培养学生的自主学习能力。大纲鼓励学生通过在线学习、合作学习等方式，培养自我管理和自我学习的能力，以适应不断变化的语言环境。最后，大纲还强调培养学生的跨文化意识，通过引入多元文化内容，帮助学生理解不同文化背景下的语言使用差异，提高跨文化交流的能力。

总而言之，语言教学实践大纲设计的趋势是向着更加实用、自主和多元的方向发展，这种趋势不仅反映了社会对语言学习的新需求，也体现了教育理念的更新和教学方法的创新。在未来的语言教学中，教师应该继续关注这些趋势，不断优化教学大纲设计，以培养出更多具备实际语言运用能力和跨文化交际能力的人才。

## （二）语言学教学的实践过程

第一，培养学生的语言运用能力。语言不仅是交流的工具，更是思维的载体。因此，教学策略中应特别注重提高学生的听、说、读、写能力。教育者可以通过设计丰富多彩的教学活动，如角色扮演、演讲辩论、情境对话等，让学生在实践中掌握语言技能。例如，在角色扮演中，学生可以通过模拟真实场景，运用所学语言进行交流和表达，从而锻炼他们的语言运用能力。同时，教育者还可以引导学生通过阅读经典文学作品、新闻报道等，提高他们的阅读理解能力和写作表达能力。

第二，培养学生的跨文化交际能力。随着国际交流的日益频繁，具备跨文化交际能力的人才需求日益旺盛。因此，在语言学教学实践中，教育者应着力培养学生的跨文化意识，帮助他们了解不同文化背景下的语言使用习惯和交际规范。通过案例分析、文化对比等活动，学生可以深入了解不同文化的差异和相似之处，从而提高他们在跨文化交流中的敏感性和适应性。此外，教育者还可以鼓励学生参与国际交流活动，如国际文化节、留学项目等，让学生在实践中锻炼跨文化交际能力。

第三，培养学生的批判性思维能力。在信息时代，信息爆炸和观点纷呈使得批判性思维能力的培养显得尤为重要。教育者应引导学生学会独立思考、分析问题、评价观点，从而培养他们的批判性思维能力。通过小组讨论、课堂辩论等活动，学生可以就某个语言现象或文化问题进行深入探讨，提出自己的见解和观点。同时，教育者还可以利用现代信息技术手段，如网络教学平台、在线论坛等，为学生提供更多的学习资源和交流平台，促进他们的批判性思维能力的发展。

第四，运用多媒体教学。多媒体教学作为一种现代教学手段，可以通过图像、音频、视频等多种形式展示语言现象和文化背景，使得教学内容更加生动直观。教育者可以利用多媒体教学资源制作课件、视频教程等，帮助学生更好地理解和掌握语言知识。同时，网络教学资源也为学生提供了更广阔的学习空间。学生可以通过在线课程、学习网站等途径获取丰富的语言学习资源，自主安排学习进度和方式，提高学习效果。

第五，教育者应加强自身的专业素养和能力提升，关注语言学领域的最新动态和发展趋势。同时，还应积极探索跨学科、跨文化的教育模式，培养学生的全球视野和跨文化素养，提升学生的智力水平。"智力水平是人认识知识的能力，同时代表着运用知识解决问题的能力。"[1] 此外，教育者还应充分利用现代信息技术手段，创新教学方法和手段，提高教学效果和质量。

## （三）语言学的教学实践策略

在教学策略方面，语言学教学实践应注重培养学生的语言运用能力、跨文化交际能力和批判性思维能力。具体而言，教育者可以通过设计多样化的教学活动，如角色扮演、小组讨论、案例分析等，激发学生的学习兴趣和积极性；同时，借助现代信息技术手段，如多媒体教学、网络教学资源等，拓展学生的学习空间和渠道，提高教学效果。

## （四）语言学教学实践的效果评估

在语言学教学实践中，效果评估是一个至关重要的环节，它不仅是教育者了解教学效果的窗口，更是发现问题、进行改进、提高教学质量的关键。效果评估的精准性和全面性，直接关系到教育者能否准确把握学生的学习状态，进而制订更为贴合学生需求的教学方案。

第一，效果评估有助于教育者了解教学效果。教学效果的好坏，是检验教育者教学水平、教学方法是否得当的重要标准。通过效果评估，教育者可以获取学生在学习过程中的实际表现，从而判断教学目标的达成情况。这有助于教育者对

---

[1] 杨静．现代语言学流派与英语教学探究［M］．北京：中国商业出版社，2019：7.

自己的教学工作进行客观评价，发现教学中存在的问题和不足，为后续的教学改进提供有力依据。

第二，效果评估有助于发现问题并进行改进。在语言学教学实践过程中，学生可能会遇到各种困难，如理解不透彻、应用不熟练等。通过效果评估，教育者可以及时发现这些问题，并针对问题制订相应的解决方案。这不仅能够帮助学生解决学习中的困难，提高学习效果，还能够为教育者提供改进教学方法的参考，推动教学质量的持续提升。

第三，在效果评估方面，教育者可以采用多种方式进行。其中，考试是最为常见的一种方式。通过考试，教育者可以对学生的学业成绩进行全面、客观的评估，了解学生在知识掌握、应用能力等方面的表现。此外，问卷调查也是一种常用的效果评估方法。通过设计合理的问卷问题，教育者可以收集到学生对教学内容、教学方法、课堂氛围等方面的反馈意见，从而更全面地了解教学效果。观察记录也是一种有效的效果评估方式。教育者可以通过观察学生在课堂上的表现、课后的学习情况等方式，获取更为细致、深入的学生学习状态信息。

第四，在效果评估的过程中，教育者需要对学生的学业成绩、学习态度、交际能力等方面进行综合评估。学业成绩是评估学生学习效果的重要指标，但并非唯一指标。学习态度反映了学生对学习的热情和投入程度，对于预测学生未来的学习表现具有重要意义。交际能力则是语言学教学中不可忽视的一个方面，它关乎学生能否有效运用所学知识进行实际交流。通过对这些方面的综合评估，教育者可以全面了解学生的学习状况，为制订更为精准的教学计划提供依据。

第五，效果评估的结果可以为教育者提供有针对性的反馈和建议。教育者可以根据评估结果，针对学生在学业成绩、学习态度、交际能力等方面存在的问题，制定具体的改进措施。例如，对于学业成绩不佳的学生，教育者可以通过加强课后辅导、提供额外学习资源等方式帮助他们提高学习效果；对于学习态度消极的学生，教育者可以通过激励措施、改进教学方法等方式激发他们的学习兴趣；对于交际能力较弱的学生，教育者可以通过组织小组活动、提供实践机会等方式提高他们的交际能力。

## （五）语言学教学实践的反馈机制

反馈机制在语言学教学实践中占据着举足轻重的地位。在语言学习的过程中，及时的反馈不仅能够帮助学习者识别自身在语言运用中的优点和短板，更能够引导他们制订针对性的学习计划，从而加速语言技能的提升。

第一，教育者在教学实践中应当积极运用反馈机制，将评估结果及时、准确地反馈给学生，这种反馈应当具体、明确，不仅要指出学生在语言学习中的不足之处，更要强调他们的优点和进步，从而激发学生的学习动力和自信心。通过反馈，学生可以更加清晰地认识到自己在语言学习中的问题和挑战，进而有针对性地进行改进和调整。

第二，教育者还应根据反馈结果对教学策略进行适时的调整。针对不同学生的个体差异和学习需求，教育者应制订个性化的教学方案，以满足学生的实际需求。通过不断优化教学过程，教育者可以帮助学生更好地掌握语言知识，提高语言运用的准确性和流利度。

第三，在反馈机制的运用过程中，教育者应注重与学生的沟通和交流。通过与学生的互动，教育者可以更加深入地了解学生的学习状况和需求，从而提供更加精准和有效的反馈。同时，这种沟通和交流也有助于建立师生之间的信任关系，提高学生对教育者的认同感和满意度。

### （六）语言学教学实践的发展趋势

在语言学教学实践的具体实施过程中，应关注不同学生的个体差异和学习需求。每个学生都有自己的学习特点和优势领域，因此，教育者应根据学生的实际情况，制订个性化的教学计划和辅导策略。通过关注学生的个体差异，我们可以更好地满足学生的学习需求，提高他们的学习兴趣和动力，从而取得更好的教学效果。

随着信息技术的发展和应用，语言学教学实践也应积极探索线上教学的可能性。线上教学具有灵活、便捷、资源丰富等优势，可以为学生提供更多的学习机会和资源。通过线上教学平台，教育者可以与学生进行实时互动和交流，解答学生的疑惑和问题，提高学生的学习效率和满意度。与此同时，应注意到语言学教学实践与社会文化背景的紧密关系。语言作为社会文化的载体，其教学实践必然受到社会文化因素的影响。因此，在教育过程中，我们不仅要注重培养学生的语言能力，还要引导他们了解和理解不同文化背景下的语言现象和文化内涵，培养他们的跨文化意识和跨文化交际能力。

语言学教学实践是一个持续不断的过程，需要教育者保持开放的心态和进取的精神。在未来的教学实践中，应积极面对挑战和机遇，不断探索和创新，为培养更多优秀的语言学人才做出更大的贡献。

## 二、外语教学实践研究

外语教学实践是语言学习和教育领域的一个重要组成部分，它不仅涉及语言知识的传递，还涵盖了跨文化交流能力的培养，以及对学生语言应用能力的全面提升。

### (一) 外语教学实践的依据

外语教学实践是一门涉及语言学、教育学和心理学等多个领域的综合性学科，它的实践过程建立在这些学科的理论基础之上，形成了科学、系统的教学方法和策略，主要包括以下三方面。

第一，语言学理论为外语教学实践提供了语言学习的本质和规律。语言学研究语言的本质、结构、演变和使用等方面，为外语教学实践提供了重要的理论指导。在外语教学中，教师需要遵循语言学中的"习得规律"，让学生在实际使用中不断尝试、犯错误、修正，最终掌握语言的使用技巧。同时，语言学理论还强调了语言的交际性和社会性，提醒人们在外语教学中要注重培养学生的语言实际运用能力，使学生能够在不同的语境中灵活运用所学语言。

第二，教育学理论为外语教学实践提供了方法和策略。教育学研究教育现象、教育过程和教育规律等方面，为外语教学实践提供了丰富的教育方法和策略。在外语教学中，教师需要根据学生的年龄、认知水平和学习兴趣等因素，采用合适的教学方法和策略。例如，对于初学者，人们可以采用直观教学法，通过图片、实物等直观教具帮助学生建立语言与实物之间的联系；对于中高级学习者，可以采用任务型教学法，通过设计各种实际任务，让学生在完成任务的过程中提高语言运用能力。

第三，心理学理论揭示了学习者在语言学习过程中的心理特点和规律。心理学研究人的心理过程、心理特点和心理规律等方面，为外语教学实践提供了重要的心理学支撑。在外语学习中，学习者需要克服语言障碍、文化障碍和心理障碍等多方面的困难。心理学理论提醒人们在外语教学中要关注学生的心理特点，尊重学生的个性差异，采取积极的教学策略，激发学生的学习兴趣和动力。例如，教师可以根据学生的兴趣爱好和特长，设计个性化的教学方案，让学生在轻松愉快的氛围中学习外语；同时，还需要关注学生的心理变化，及时发现和解决学生在学习过程中遇到的问题和困难，帮助学生建立积极的学习态度和信心。

## (二) 外语教学实践的原则

外语教学实践的原则是指导外语教学活动的一系列基本准则，这些原则的制定旨在确保外语教学的有效性、系统性和可持续性，从而帮助学生更好地掌握外语知识和技能。外语教学实践的原则主要包括以下五方面。

第一，以学生为中心。外语教学的首要原则是以学生为中心，这意味着教学活动应围绕学生的需求和兴趣展开，注重学生的个体差异和学习特点。教师应该充分了解学生的语言水平、学习风格和兴趣爱好，并据此设计适合学生的教学内容和方法。同时，学生也应被鼓励积极参与教学过程，发挥自己的主观能动性，与教师和同学进行互动交流，共同促进外语学习的进步。

第二，重视语言实践。外语教学的核心目标是培养学生的语言运用能力，外语教学实践原则强调重视语言实践，这包括在课堂上提供丰富的语言输入和输出机会，如角色扮演、情境对话、演讲等，让学生在真实的语境中运用所学语言。此外，还应鼓励学生积极参与课外语言实践活动，如参加语言交换、志愿服务、国际交流等，以拓展语言运用的广度和深度。

第三，语言知识与技能并重。外语教学实践原则要求注重语言知识与技能的并重发展，语言知识包括语音、词汇、语法等基础知识，而语言技能则包括听、说、读、写等实际运用能力。在教学过程中，教师应合理安排语言知识的教学和练习，确保学生在掌握基础知识的同时，也能够提高语言技能。同时，还应注重培养学生的跨文化交际能力，使其能够在不同文化背景下进行有效沟通。

第四，灵活运用多种教学方法和手段。外语教学实践原则倡导灵活运用多种教学方法和手段。教学方法的选择应根据教学内容、学生特点和教学目标等因素综合考虑。例如，对于初学者，可以采用直观教学法和情境教学法，通过图片、实物和模拟情境等方式帮助学生建立直观的语言感知；对于中高级学习者，可以采用任务型教学法和合作学习法等，引导学生通过完成任务和小组合作等方式提高语言运用能力。同时，教学手段的运用也应与时俱进，充分利用多媒体、网络技术等现代教学手段，为学生提供更加丰富多样的学习资源和方式。

第五，强调评估和反馈。外语教学实践原则强调评估和反馈在教学过程中的重要性。评估是对学生学习成果的检测和评价，反馈则是教师对学生学习情况的指导和建议。通过评估和反馈，教师可以了解学生的学习进展和存在问题，及时调整教学策略和方法，帮助学生更好地掌握外语知识和技能。同时，评估和反馈也有助于激发学生的学习动力和自信心，促进其外语学习的持续发展。

### （三）外语教学实践的目标

外语教学实践的目标是致力于培养学生的外语综合运用能力，这一目标并非一蹴而就，而是需要长时间的积累和实践。外语综合运用能力并不仅仅局限于单一的技能，而是涵盖了听、说、读、写、译等多个方面，这些方面相互关联，共同构成了外语能力的全貌。

第一，听力能力。外语学习需要从听力开始，通过听力训练，学生可以接触到地道的语言表达和语音韵律，培养对语言的感知能力，这种感知能力不仅有助于提高学生的口语和听力技能，还能帮助他们更好地理解外语国家的文化和社会背景。例如，在听力训练中，学生可以听到不同国家的口音、语速和语调，从而更好地理解和适应不同的语言环境。

第二，口语能力。口语不仅是语言交流的主要方式，还是表达个人观点和情感的重要工具。通过模仿、对话和演讲等实践活动，学生可以逐渐提高口语表达的准确性和流利性。此外，口语练习还有助于增强学生的自信心和沟通能力，使他们能够更好地融入外语国家的社交环境。

第三，阅读能力。通过阅读，学生可以接触到大量的词汇、句型和表达方式，拓宽自己的语言视野。同时，阅读还能够培养学生的理解能力和逻辑思维能力，提高他们对外语文本的解读能力。通过阅读不同类型的文本，如小说、散文、新闻报道等，学生可以更好地了解外语国家的文化、历史和社会现象。

第四，写作能力。通过写作，学生可以将自己的思想和观点以书面形式表达出来，锻炼自己的表达能力和思维逻辑。同时，写作也是提高语言准确性和规范性的重要手段，能够帮助学生更好地掌握外语的表达方式。通过写作练习，学生可以逐渐提高自己的写作水平，培养自己的文字表达能力和批判性思维。

第五，翻译能力。翻译不仅要求学生具备扎实的语言基础，还需要他们具备丰富的文化背景知识和敏锐的语言感知能力。通过翻译实践，学生可以更好地理解外语国家的文化和思维方式，提高自己的跨文化交流能力。翻译不仅是一种语言技能，更是一种文化理解和传播的过程。

总而言之，听力、口语、阅读、写作和翻译能力的培养在外语学习中都具有重要意义，它们相互作用、相互促进，共同推动着学生外语水平的提升。在实际的外语教学过程中，教师应该根据学生的实际情况和需求，合理安排教学活动和练习内容，注重培养学生的各项技能，帮助他们全面发展外语能力。同时，学生也应该积极参与到各项语言实践中，不断锻炼和提高自己的外语水平。

## （四）外语教学实践的方法

在外语教学实践中，教师不断探索和尝试各种教学方法，旨在提高学生的语言运用能力、培养他们的综合素质。外语教学实践的方法主要包括以下五方面。

第一，任务型教学法。这种教学方法强调以任务为核心，设计具有实际意义的语言任务，让学生在完成任务的过程中学习语言知识、发展语言技能。这种方法不仅有助于提高学生的语言运用能力，还能培养他们的合作精神和解决问题的能力。例如，教师可以设计一个购物任务，让学生在模拟的购物场景中运用所学的语言知识进行交流和沟通。通过完成任务，学生不仅能够巩固所学知识，还能在实践中锻炼自己的语言运用能力和解决问题的能力。

第二，情境教学法。这种方法通过模拟真实生活场景来进行语言教学，将语言学习与现实生活紧密联系起来，能够使学生在具体的情境中学习和运用语言，提高他们的语言感知能力和实际运用能力。例如，教师可以创设一个餐厅场景，让学生在模拟的点餐、用餐过程中学习相关的语言知识，这样的教学方式不仅能够激发学生的学习兴趣，还能使他们在真实的情境中更好地理解和运用语言。

第三，合作学习法。这种教学方法强调学生之间的互动与合作，通过小组讨论、角色扮演等活动，使学生能够相互学习、相互帮助，共同提高语言水平。合作学习法有助于培养学生的团队精神和沟通能力。例如，教师可以组织学生进行小组讨论，让他们围绕某个主题展开交流和讨论。在这样的学习过程中，学生不仅能够锻炼自己的语言能力，还能学会倾听他人的观点、表达自己的意见，培养自己的沟通能力和团队协作精神。

第四，自主学习法。这种方法鼓励学生自主安排学习进程、自主选择学习资源，培养他们的自主学习能力和终身学习的习惯。在外语教学实践中，教师可以通过提供丰富的学习资源和指导性的学习策略，引导学生进行自主学习。例如，教师可以为学生提供在线学习资源、学习软件等，让他们根据自己的学习进度和兴趣进行自主学习，这样的教学方式不仅能够激发学生的学习兴趣和主动性，还能培养他们的自主学习能力和终身学习的习惯。

第五，多元评价法。这种评价方法注重评价方式的多样性和评价内容的全面性，不仅关注学生的学习成果，还关注学生的学习过程和学习态度。在外语教学实践中，教师应采用多种评价方式，如课堂观察、作业评价、口语测试等，以全面了解学生的学习情况，为教学提供有针对性的反馈和指导。例如，教师可以通过观察学生在课堂上的表现、批改他们的作业、进行口语测试等方式来评价他们的学习情况，这样的评价方式不仅能够全面了解学生的学习情况，还能为他们提供有针对性的反馈和指导，帮助他们更好地提高自己的语言能力。

总而言之，任务型教学法、情境教学法、合作学习法、自主学习法和多元评价法在外语教学实践中都发挥着重要的作用，它们各有特点，能够满足不同学生的学习需求，提高他们的语言运用能力和综合素质。在外语教学中，教师应根据具体的教学目标和学生的实际情况，灵活运用这些方法，以提高教学质量和效果。

### （五）外语教学实践的挑战对策

随着全球化的深入发展，外语学习的重要性日益凸显。然而，在外语教学实践过程中，也面临着诸多挑战，这些挑战不仅源于教学资源的不均衡，还涉及学生兴趣的多样性及跨文化交流的复杂性。为了有效应对这些挑战，教师需要采取一系列对策，以推动外语教学实践的持续发展。

第一，教学资源的重要性。如今，教学资源分配不均的问题依然存在，在这种情况下，教师应该采取积极的措施，优化教学资源的配置，确保每个学生都能获得高质量的外语教育，这包括加强教师培训、更新教学设备、提供丰富的教学材料等。

第二，学生兴趣的多样性。每个学生都有自己独特的学习需求和兴趣点，因此，教师需要关注学生的个性差异，采用个性化的教学方法和策略。例如，可以通过游戏化教学、项目式学习等方式，激发学生的学习兴趣和积极性。同时，教师还应该关注学生的学习进度，及时调整教学策略，以满足学生的个性化需求。

第三，跨文化交流的复杂性。外语学习的最终目的是能够与不同文化背景的人进行有效的沟通。因此，在教学过程中，教师需要加强对学生跨文化交流能力的培养，帮助学生了解不同文化背景下的价值观、风俗、礼仪等，以及提高学生在跨文化交流中的语言运用能力和应对能力。

第四，为了应对上述挑战，教师还需要加强对外语教学实践的研究和探索。随着科技的进步和教学方法的不断创新，教师应该积极尝试新的教学方法和手段，以提高教学效果和质量。例如，可以利用现代技术手段，如人工智能、虚拟现实等，为学生提供更加丰富多样的学习体验。同时，教师还应该加强对外语教学实践的理论研究，以指导教学实践的开展。

### （六）外语教学实践的发展趋势

随着全球化的深入发展和信息技术的不断创新，外语教学实践正站在一个崭新的起点上，面临着前所未有的机遇和挑战。未来的外语教学实践的显著发展趋势主要包括以下四方面：

第一，未来的外语教学实践将更加注重学生的综合素质和创新能力的培养。在全球化的背景下，单纯的语言知识已经无法满足社会的需求。外语教学实践需要更加注重培养学生的跨文化交际能力、批判性思维、创新能力及团队协作等综合素质，这将要求学生在学习过程中，不仅要掌握语言知识和技能，还要学会如何在多元文化环境中进行有效沟通和合作。

第二，外语教学实践将更加注重跨学科知识的融合和跨界合作。随着学科交叉融合的加速，外语教学实践将不再局限于语言本身，而是需要与其他学科如文化、历史、经济等进行深度融合，这将有助于拓宽学生的知识视野，提高他们的综合素质。同时，外语教学实践还需要加强与其他国家和地区的合作，共同推进外语教育的国际化进程。

第三，未来的外语教学实践将更加注重利用信息技术提升教学效果和效率。随着信息技术的不断发展，外语教学实践可以借助更加先进的工具和平台，如在线学习平台、虚拟现实技术、人工智能等，为学生提供更加丰富、多样、个性化的学习体验，这将有助于激发学生的学习兴趣和动力，提高他们的学习效果。同时，信息技术还可以帮助教师更好地了解学生的学习情况，及时调整教学策略，提高教学效率。

第四，外语教学实践将更加关注全球性问题和社会责任。在全球化的背景下，外语教学实践不仅需要培养学生的语言能力，还需要引导他们关注全球性问题，如环境保护、文化交流、经济发展等，这将有助于培养学生的全球视野和社会责任感，为培养具有全球视野和跨文化交际能力的人才做出更大的贡献。

总而言之，外语教学实践是一项综合性、系统性的工程，它涉及多个学科领域的知识和技能的应用。通过深入研究和实践，教师可以不断完善外语教学实践的理论体系和实践方法，为培养具有国际视野和跨文化交际能力的人才做出更大的贡献。同时，教师也需要不断反思和总结外语教学实践中的经验和教训，为未来的教学实践提供有益的借鉴和启示。在未来的发展中，外语教学实践将继续发挥重要作用，为推动全球化和跨文化交流做出积极的贡献。

## 第四节　基于多元视角的外语教学哲学思考

外语教学作为教育领域不可或缺的环节，始终承载着培育学生跨文化沟通能力、推动国际理解与合作的崇高使命。在全球化的今天，外语教育的重要性越发凸显，它不仅关乎学生个人的全面发展，更直接关系到国家间的交流与合作。"哲学、逻辑学以及心理学等学科的发展既形成了语言研究的背景，又必然对语言研究产生相关影响。"① 通过深入剖析语言与思维、文化、心理等方面的内在联系，外语教学得以更加科学、系统地进行，从而更好地实现其培养国际化人才、促进文化交流与合作的使命。

# 一、多元视角下的外语教学哲学基础

## （一）多元智能理论

多元智能理论作为现代教育心理学的重要分支，为外语教学提供了全新的视角和哲学支撑，该理论主张人类的智能并非单一，而是由众多独立又相互关联的智能模块构成。每一种智能都具有其独特的表现方式和培养路径，而语言智能则是其中极为关键的环节。在外语教学实践中，多元智能理论的引入意味着人们需要更全面地认识学生的智能结构。每个学生都是独一无二的个体，他们的智能发展可能呈现出不同的特点和倾向。有的学生在语言智能方面表现出色，能够迅速掌握外语的词汇和语法；有的学生则在音乐或空间智能上更具天赋，这可能有助于他们在学习外语时采用独特的思维方式和方法。因此，外语教师应根据学生的智能差异，制订个性化的教学方案，以最大限度地发挥他们的潜能。例如，对于语言智能较强的学生，可以通过阅读、写作等语言实践活动来进一步提升他们的外语能力；而对于其他智能突出的学生，则可以尝试将外语学习与他们的优势智能结合起来，如通过音乐、绘画等方式来辅助外语学习。多元智能理论还强调智能之间的相互作用和互补性。在外语教学中，可以通过设计综合性的学习任务，让学生综合运用多种智能来完成任务，从而提高学习效果，培养他们的综合素养和跨领域的学习能力。

## （二）建构主义的交际观

在建构主义中，知识并非孤立存在，而是在社会互动中通过个体与他人的交流和合作逐渐建构起来的，这一观点对于外语教学具有重要的指导意义。在外语教学中，语言作为交际的工具，其学习和运用同样离不开社会互动。建构主义的

---

① 王铭玉. 现代外语教学多维研究［M］. 上海：上海外语教育出版社，2015：80.

交际观要求教师在教学中注重培养学生的交际能力，通过模拟真实的交际场景，让学生在互动中感知语言、运用语言，这不仅可以帮助学生更好地理解和掌握外语知识，还能培养他们的语言交际能力和社会适应能力。为了实现这一目标，外语教师可以采用多种教学方法和手段。例如，可以组织学生进行角色扮演、小组讨论等活动，让他们在模拟的交际场景中运用外语进行交流和合作；同时，也可以利用现代科技手段，如在线交流平台、虚拟现实技术等，为学生创造更加真实、丰富的交际环境。

### (三) 人本主义的教学观

人本主义教学观强调以学生为中心，关注学生的情感、态度和价值观的发展，这一观点在外语教学中具有重要的价值和启示。首先，人本主义教学观要求尊重学生的个性差异和学习需求。每个学生都是独特的个体，他们有着不同的学习风格、兴趣爱好和成长背景。因此，在外语教学中，教师应根据学生的实际情况，制订个性化的教学方案，以满足他们的学习需求。其次，人本主义教学观强调关注学生的情感体验和内心需求。学习外语不仅是一种认知活动，更是一种情感体验。学生在学习外语的过程中，可能会遇到各种困难和挑战，产生焦虑、挫败等情绪，外语教师应关注学生的情感体验，及时给予鼓励和支持，帮助他们建立积极的学习态度和自信心。最后，人本主义教学观倡导创造宽松、和谐的学习氛围。在一个充满尊重和信任的学习环境中，学生可以更加自由地表达自己的观点和想法，更加积极地参与课堂互动和学习活动，这将有助于激发学生的学习兴趣和主动性，提高他们的学习效果和创造力。

## 二、多元视角下的外语教学哲学实践

### (一) 多元视角下的外语教学哲学实践的意义

在当今全球化的时代，外语教学的重要性日益凸显。为了更有效地提升教学质量并促进学生的全面发展，教师必须转变传统的外语教学理念，拥抱更加多元化和哲学化的教学方法，这样的实践对外语教学而言，具有深远的价值意义。

第一，有助于人们打破传统外语教学的束缚和局限。多元视角的引入，为教师提供了更广阔的视野和更多的教学选择。通过从不同的维度和层面去理解和教授外语，教师能够帮助学生更全面地掌握语言知识，提升语言应用能力。这种教学理念的转变，不仅有助于打破传统外语教学的束缚，更能推动外语教学的创新和发展。在实际教学中，多元视角的运用使教学更加符合实际需求，更加贴近学生的真实生活。教师会更多地关注语言在实际情境中的运用，通过模拟真实场景、组织角色扮演等方式，让学生在实践中学习和运用外语。这样的教学方式不仅能够激发学生的学习兴趣，更能培养他们的跨文化交际能力，为未来的国际交流奠定坚实的基础。

第二，有助于培养学生的综合素质和能力。在多元视角的指导下，教师能够更加全面地关注学生的个体差异和学习需求。通过设计多样化的教学活动和方式，如角色扮演、小组讨论、项目合作等，可以激发学生的学习兴趣和积极性，促进他们的全面发展。同时，哲学实践的引入，鼓励学生思考更深层次的问题，培养他们的思辨能力和创新精神，这样的教学方式不仅提升了学生的外语水平，更培养了他们的综合素质和竞争力。

第三，推动外语教学的国际交流与合作。在全球化的背景下，国际交流与合作已经成为外语教学不可或缺的一部分。通过引入多元视角和哲学实践的理念和方法，可以促进不同国家和地区之间的教学经验和资源的共享与交流，这种交流与合作不仅有助于提升各国的教学水平，更有助于培养具有国际视野和跨文化交流能力的人才，推动全球教育的共同进步和发展。

总而言之，多元视角下的外语教学哲学实践对于提升教学质量、促进学生全面发展及推动国际交流与合作都具有重要的价值和意义。在未来的外语教学中，教师应该更加积极地引入这种教学理念和方法，不断创新和完善人们的教学方式，为学生提供更加优质、高效的学习体验，从而培养符合社会需求的高质量人才。

## （二）多元视角下的外语教学哲学实践的路径

第一，在教学内容方面，教师不仅要关注语言知识的传授，更要注重文化意识的培养。语言是文化的载体，通过学习语言，学生能够了解不同文化背景下的思维方式、价值观念和生活方式。因此，教师需要选取具有代表性的教学材料，让学生了解不同文化之间的差异和共性，培养他们的跨文化交际能力。同时，教师还应注重语言技能的训练，包括听、说、读、写等方面，使学生掌握基本的语言技能，为未来的学习和工作奠定基础。除了语言知识和技能的传授，教师还应关注学生的思维能力提升。哲学作为一种思考方式，可以帮助学生拓宽思维视野，培养批判性思维和创新能力。在教学中，教师可以通过引入哲学概念、讨论哲学问题等方式，引导学生深入思考，发现问题的本质和规律，这样不仅可以提高学生的思维能力，还能培养他们的创新意识和实践能力。

第二，在教学方法上，教师应灵活运用各种教学方法和手段，以适应不同学生的学习风格和需求。情境教学、合作学习、项目式学习等教学方法都有其独特的优势，能够激发学生的学习兴趣和积极性。例如，情境教学可以通过模拟真实场景，让学生在实践中学习语言和文化知识；合作学习则强调学生之间的互动和合作，培养他们的团队精神和沟通能力；项目式学习则让学生在实际项目中发现问题、解决问题，培养他们的实践能力和创新精神。同时，教师还应注重培养学生的自主学习能力和创新能力。自主学习是指学生能够独立地制订学习计划、选择学习材料、评估学习成果。在教学中，教师可以通过设置学习任务、提供学习资源等方式，引导学生主动探索、积极思考。创新能力则是指学生在面对新问题时，能够提出独特的解决方案。教师可以通过组织创新竞赛、鼓励学生参与科研项目等方式，培养学生的创新能力。

总而言之，多元视角与哲学实践的融合给语言教学带来了新的机遇和挑战。教师需要不断更新教学理念和方法，关注学生的全面发展，培养他们的语言技能、文化意识、思维能力和创新能力。

### （三）多元视角下的外语教学哲学实践的优化

多元视角下的外语教学哲学实践不仅有助于培养学生的跨文化交流能力，还能激发他们的创新思维和批判性思维。然而，要使这一理念真正运用到教学实践中，需要从教师、学校和教育部门、学生三个层面来共同探讨解决方案，主要包括以下三方面。

第一，教师在实施多元视角的外语教学过程中扮演着举足轻重的角色。为了更好地适应这一教学模式，教师需要不断提升自身的专业素养和综合能力，这包括不断更新教育理念，拓展知识面，提升教学方法等方面。例如，教师可以参加各种专业培训课程，学习最新的外语教学方法和理念，同时积极阅读相关领域的书籍和文章，以丰富自己的知识储备。

第二，学校和教育部门应当为外语教学的改革和创新提供必要的支持和保障，包括加大对外语教学的投入，优化教学资源配置，完善教学评价机制等方面。例如，学校可以设立专门的外语教学改革基金，用于支持教师进行教学研究和创新实践。学校应当积极引进先进的教学设备和技术，为外语教学提供有力的物质保障，通过基金的支持，教师可以深入研究外语教学的理论和方法，探索适合学生特点的教学模式，从而推动外语教学的不断进步。此外，还可以加强与其他学校的合作与交流，共享优质教学资源，提高外语教学的整体水平。同时，教育部门还可以制定相关政策，鼓励学校开展国际交流与合作，借鉴先进的教学经验和理念。

第三，学生也需要积极参与和配合外语教学的改革和创新。在新的教学理念下，学生需要主动适应新的教学方式，积极参与各种教学活动和实践，不断提升自己的语言能力和综合素质。例如，学生可以参加学校的外语角、国际文化节等活动，与来自不同文化背景的同学进行交流，拓宽自己的视野。

总而言之，多元视角下的外语教学哲学实践是一种全新的教学理念和方法，它强调以学生为中心、注重个体差异和全面发展、倡导创新和发展。通过引入多元视角和哲学实践的理念和方法，推动外语教学的创新和发展。展望未来，随着教育理念的不断更新和技术手段的不断进步，外语教学将面临更多的挑战和机遇。教师应以开放的姿态迎接这些变化，不断探索和实践基于多元视角的外语教学改革之路，为培养具有全球视野和跨文化交际能力的新时代人才贡献力量。

# 参考文献

[1] 白芳，赖良涛. 功能语言学语类理论评述 [J]. 江西师范大学学报（哲学社会科学版），2021, 54 (2)：140-144.

[2] 毕利. 语言哲学背景下五C标准的外语人才培养 [J]. 中国成人教育，2014 (12)：145-147.

[3] 曹丽英. 基于认知语言学理论的中西方茶文化差异比较研究 [J]. 福建茶叶，2018, 40 (8)：384.

[4] 陈平. 从现代语言学经典论著看语言学论文的写作与发表 [J]. 当代修辞学，2015 (6)：1-22.

[5] 陈平. 系统中的对立——谈现代语言学的理论基础 [J]. 当代修辞学，2015 (2)：1-11.

[6] 程晨，肖福平. 洛克与古希腊、中世纪时期语言哲学思想对比探究 [J]. 海外英语，2019 (22)：77.

[7] 楚军. 语言学通论 [M]. 成都：电子科技大学出版社，2021.

[8] 丁阳. 认知语言学中概念隐喻理论的发生与构建 [J]. 青年文学家，2017 (36)：190.

[9] 付艳丽. 目的论视角下英语语言文化与翻译的交融模式研究 [J]. 佳木斯职业学院学报，2016 (8)：321.

[10] 何伟，沈维. 理论语言学知识体系创新路径探讨 [J]. 中国外语，2021, 18 (6)：23-29.

[11] 黄春芳. 论现代语言学的变迁：库恩范式理论的视角 [J]. 西南大学学报（社会科学版），2010, 36 (4)：170-175.

[12] 江涛. 现代语言学理论与教学动态发展研究 [M]. 长春：吉林人民出版社，2020.

[13] 姜宏，许汉成. 巴赫金的超语言学理论及其评介 [J]. 外语研究，2021

（6）：21-27.

［14］金小平. 从语言学理论角度看反训问题［J］. 浙江师范大学学报（社会科学版），2014（3）：85-90.

［15］李葆嘉. 当代语言学理论的追溯［J］. 华东师范大学学报（哲学社会科学版），2021，53（6）：77-95.

［16］李建平. 体验哲学对外语课程设计的启示［J］. 外国语文（四川外语学院学报），2011（3）：114-116.

［17］刘少杰. 认知语言学理论解读及其在英语教学中的应用研究［M］. 长春：吉林大学出版社，2020.

［18］罗军凤. 现代语言学方法与中国古籍的辨伪与断代［J］. 西安交通大学学报（社会科学版），2017，37（3）：93-101.

［19］史洁. 外语教学中的矛盾与哲学解释学关怀［J］. 外语学刊，2010（4）：91-95.

［20］孙兵，王欣. 形式主义批评与现代语言学［J］. 东北师大学报（哲学社会科学版），2011（1）：230-231.

［21］谭爱平. 认知语言学理论研究［M］. 成都：西南交通大学出版社，2017.

［22］王铭玉. 现代外语教学多维研究［M］. 上海：上海外语教育出版社，2015.

［23］王圣，乌兰娜仁. 外语教育学及其哲学刍议［J］. 内蒙古师范大学学报（教育科学版），2015，28（11）：9-10.

［24］王怡宁. 论应用语言学的研究方法、问题及建议［J］. 快乐阅读，2023（7）：40-42.

［25］王治梅. 现代语言学与传统语言学探究［J］. 出版广角，2014（20）：40-41.

［26］文旭. 从构式语法到构式语用学［J］. 外国语文，2017，33（5）：51.

［27］武晓琴. 应用语言学与语言教学［J］. 新教育时代电子杂志（教师版），2017（40）：225.

［28］谢群. 西方语言哲学思想流变［M］. 哈尔滨：黑龙江大学出版社，2021.

［29］徐大明. 语言学理论对自然语言处理的影响和作用［J］. 云南师范大学学报（哲学社会科学版），2017，49（3）：1-9.

［30］许丽云，刘枫，尚利明. 大学英语教学的跨文化交际视角研究与创新发展

[M].北京：中国商务出版社，2020.

[31] 杨静.现代语言学流派与英语教学探究 [M].北京：中国商业出版社，2019.

[32] 张利.当代英语语言学理论多维视角研究 [M].北京：北京工业大学出版社，2019.

[33] 张玉来.近代学术转型与中国现代语言学的建立 [J].山东师范大学学报（人文社会科学版），2014，59（3）：5-19.

[34] 赵永峰.后现代哲学思潮中的认知社会语言学研究 [J].外语学刊，2015（4）：65-70.

[35] 朱敏华，严敏芬.多元识读背景下的英语课程设计研究 [J].中国教育学刊，2015（8）：80.